Petra Bartoli y Eckert • Ellen Tsalos-Fürter

5-MINUTEN-MITMACH-GESCHICHTEN

FÜR KITA-KINDER

Geschichten vom Glücklichsein

Verlag an der Ruhr

IMPRESSUM

Titel	**Geschichten vom Glücklichsein** *5-Minuten-Mitmach-Geschichten für Kita-Kinder*
Autorinnen	Petra Bartoli y Eckert, Ellen Tsalos-Fürter
Titelbildmotiv und Illustrationen	Petra Lefin
Umschlaggestaltung	Magdalene Krumbeck
Innengestaltung	Markus Schmitz
Lektorat	Nicola Steinmeyer

Verlag an der Ruhr
Mülheim an der Ruhr
www.verlagruhr.de

Geeignet für die Altersstufen 3 – 6

Unser Beitrag zum Umweltschutz
Wir sind seit 2008 ein ÖKOPROFIT®-Betrieb und setzen uns damit aktiv
für den Umweltschutz ein. Das ÖKOPROFIT®-Projekt unterstützt Betriebe
dabei, die Umwelt durch nachhaltiges Wirtschaften zu entlasten.
Unsere Produkte sind grundsätzlich auf chlorfrei gebleichtes und
nach Umweltschutzstandards zertifiziertes Papier gedruckt.

© Verlag an der Ruhr 2013
ISBN 978-3-8346-2361-4

Printed in Germany

INHALTSVERZEICHNIS

INHALTSVERZEICHNIS

So kann ich andere glücklich machen …

Kinder lieben Geschichten: Geschichten machen Spaß, regen ihre Fantasie an und liefern ihnen vor allem ein hohes Identifikationspotenzial. Mit der Reihe **„5-Minuten-Mitmach-Geschichten für Kita-Kinder"** können Sie diese kindliche Leidenschaft für Geschichten aufgreifen und Ihre Kinder gleichzeitig in wichtigen Lernbereichen fördern. In den drei Editionen

Aktive Sachgeschichten,

Aktive Gefühlsgeschichten und

Aktive Fantasiegeschichten

finden Sie informative, einfühlsame und ideenreiche Geschichten, die Anregungen und Sprachanlässe zu einem bestimmten Themenbereich bieten. In den Geschichten vom Glücklichsein können Sie und die Kinder gemeinsam davon lesen und darüber diskutieren, was Kinder glücklich macht oder wie man selbst andere glücklich machen kann. Mit den praktischen Anregungen in diesem Buch fördern Sie ein ganzheitliches Lernen mit allen Sinnen, da jeder Geschichte eine Auswahl von abwechslungsreichen und handlungsorientierten Aufgaben aus nachstehenden Lernbereichen folgt:

 Sprache und Sprechen,

 Natur und Lebenswelt,

 Kreatives Gestalten,

 Theater, Musik, Spiel, Spaß, Bewegung und Entspannung.

So können Sie verschiedene Aspekte der einzelnen Geschichten gezielt aufgreifen, vertiefen und weiterführen. Unter dem Bereich Sprache und Sprechen finden Sie in erster Linie Verständnisfragen zum Text, mit denen Sie den Kindern helfen können, die Geschichten inhaltlich aufzuarbeiten. Durch weiterführende Fragen und Erzählanlässe können Sie die Geschichten im Gespräch mit den Kindern inhaltlich reflektieren und in größere Zusammenhänge stellen. Den Kindern wird die Möglichkeit gegeben, sich über ihre eigenen Erfahrungen auszutauschen.

Neben dem Bereich Sprache und Sprechen steht bei jeder Edition ein ausgewählter Lernbereich im Mittelpunkt. Zu jeder Geschichte findet sich deshalb mindestens eine Anregung aus diesem Lernbereich, während Anregungen zu den übrigen Lernbereichen variabel sind.

Bei den **Geschichten vom Glücklichsein** steht die Reflexion im Vordergrund. Die Anregungen zu diesen Geschichten enthalten insbesondere **Aufgaben zum Sprechen** über das Gelesene. Die Kinder können im Gespräch ergründen, was sie selbst glücklich macht und warum sie sich manchmal so fühlen, wie sie sich fühlen.

Die Geschichten und Anregungen sind dabei inhaltlich wie praktisch so gehalten, dass sich die Kinder auch selbstständig mit einem Thema beschäftigen können: Die Textlänge der einzelnen Geschichten ist überschaubar und lädt Leseanfänger geradezu dazu ein, sich den Text allein zu erschließen. Eine passende Illustration zur Kernszene jeder Geschichte sorgt zudem für Anschaulichkeit. Dabei können Sie die Bilder entweder vorab betrachten, um sich auf eine Geschichte einzustimmen, oder Sie nehmen die Illustration im Anschluss an eine Geschichte zum Sprechanlass über das gerade Gehörte. Wer Lust hat, darf das Bild natürlich auch ausmalen. Zur praktischen Durchführung bietet es sich unter Umständen an, die Illustration vergrößert zu kopieren und sie für alle Kinder sichtbar bereitzustellen. Das ist insbesondere dann wichtig, wenn Sie mit einer größeren Gruppe von Kindern zusammenarbeiten. Begleiten Sie Ihre Kinder mit den folgenden Geschichten durch die Welt der Gefühle und das Glücklichsein, und nutzen Sie die zahlreichen Anregungen dazu, den Kindern zu zeigen, dass auch kleine Dinge einen sehr glücklich machen können. Zu Hause oder in der Einrichtung – machen Sie die Geschichten vom Glücklichsein zu einem unverzichtbaren Ritual.

Wir wünschen Ihnen viel Spaß beim Vorlesen und Weitermachen!

Petra Bartoli y Eckert & Ellen Tsalos-Fürter

„Ist das doof hier!" Lenni findet den Urlaub auf dem Bauernhof ziemlich langweilig. Müde Hühner picken auf dem Hof
herum. Gelangweilte Kühe lecken sich mit ihren Zungen um
das Maul. Und niemand hat so richtig Zeit für Lenni. Mama
döst im Liegestuhl auf der Wiese hinter dem Bauernhaus. Papa
steht beim Bauern neben dem Traktor und redet Erwachsenen-
sachen. „Total blöd", findet Lenni. Dabei wäre er viel lieber ans
Meer gefahren. Letztes Jahr hatte Lenni am Strand eine riesige
Sandburg gebaut, mit megatiefen Wassergräben und Muscheln
als Verzierung. Aber dieses Jahr dachten Mama und Papa, dass
so ein Bauernhof doch eigentlich genau das richtige Urlaubs-
ziel wäre. Und jetzt hat Lenni den Salat.

„Langweilig", murmelt er. Im Hof des Bauern liegen bestimmt
eine Million bescheuerte Kieselsteine. Von denen kickt Lenni
einen vor sich her, aber selbst das findet er fad.

„Und stinken tut es hier auch", grummelt er weiter.

Lenni linst zu Mama auf die Wiese, aber die hat ihre Augen
immer noch geschlossen. Und Papa redet und redet. Lenni
dreht eine Runde um den Hof. Dabei rümpft er immer wieder
die Nase. Schnell huscht er am Kuhstall und am Schweinestall
vorbei. Dann steht er an einem langen Zaun aus runden Holz-
balken. Das ist die Pferdekoppel. Hier riecht es schon ein wenig
besser. Aber die riesigen Pferde hinter dem Koppelzaun findet
Lenni ziemlich unheimlich. Da möchte er lieber nicht so nahe
rangehen. Mit etwas Abstand schleicht er an der Pferdekoppel
entlang. Dabei behält er die Riesenrösser immer im Auge, aber
die scheinen ihn gar nicht zu bemerken. Die Pferde interessie-
ren sich nur für das Gras, das sie abrupfen und genüsslich
kauen.

„He, was ist das?", stutzt Lenni. Direkt neben dem Zaun sieht
er etwas Braunes, Gebogenes liegen. Mit einem schnellen Blick
versichert er sich, dass die Pferde nicht näher kommen. Dann
geht er mutig einen Schritt dichter an den Koppelzaun und
greift nach dem braunen Ding im Gras.
„Wow!", flüstert Lenni. In seiner Hand hält er ein echtes Huf-
eisen. Damit rennt er auf den Hof zurück. Papa steht immer
noch beim Bauern und redet, aber darauf kann Lenni jetzt
keine Rücksicht nehmen. Er stellt sich zwischen Papa und den
Bauern und hüpft aufgeregt auf und ab.
„Papa, schau, was ich gefunden habe!", ruft er.
Da staunt sein Papa nicht schlecht. Und der Bauer meint:
„Das kannst du behalten. Ein gefundenes Hufeisen bringt
Glück."
„Echt?" Jetzt ist Lennis Langeweile verflogen.
„Wirklich Glück?", fragt er vorsichtshalber nach.
Der Bauer nickt. „So wie vierblättrige Kleeblätter oder Ferkel
oder ein Schornsteinfeger. Der müsste heute übrigens noch bei
uns auf dem Hof vorbeikommen."
Da hat Lenni eine Idee. Statt Muscheln zu sammeln wie am
Strand, sammelt er in diesem Urlaub einfach Glück.
„Darf ich den Fotoapparat haben?", fragt Lenni und sieht seinen Papa bittend an. Als der nickt, rennt Lenni sofort ins Haus,
um die Kamera zu holen. Den Schornsteinfeger will er damit
fotografieren. Und bestimmt gibt es im Stall auch ein Ferkel,
das auf ein Foto will. Auf der Wiese hinter dem Haus wächst
jede Menge Klee. Wäre doch gelacht, wenn da nicht auch ein
vierblättriges Kleeblatt dabei wäre.

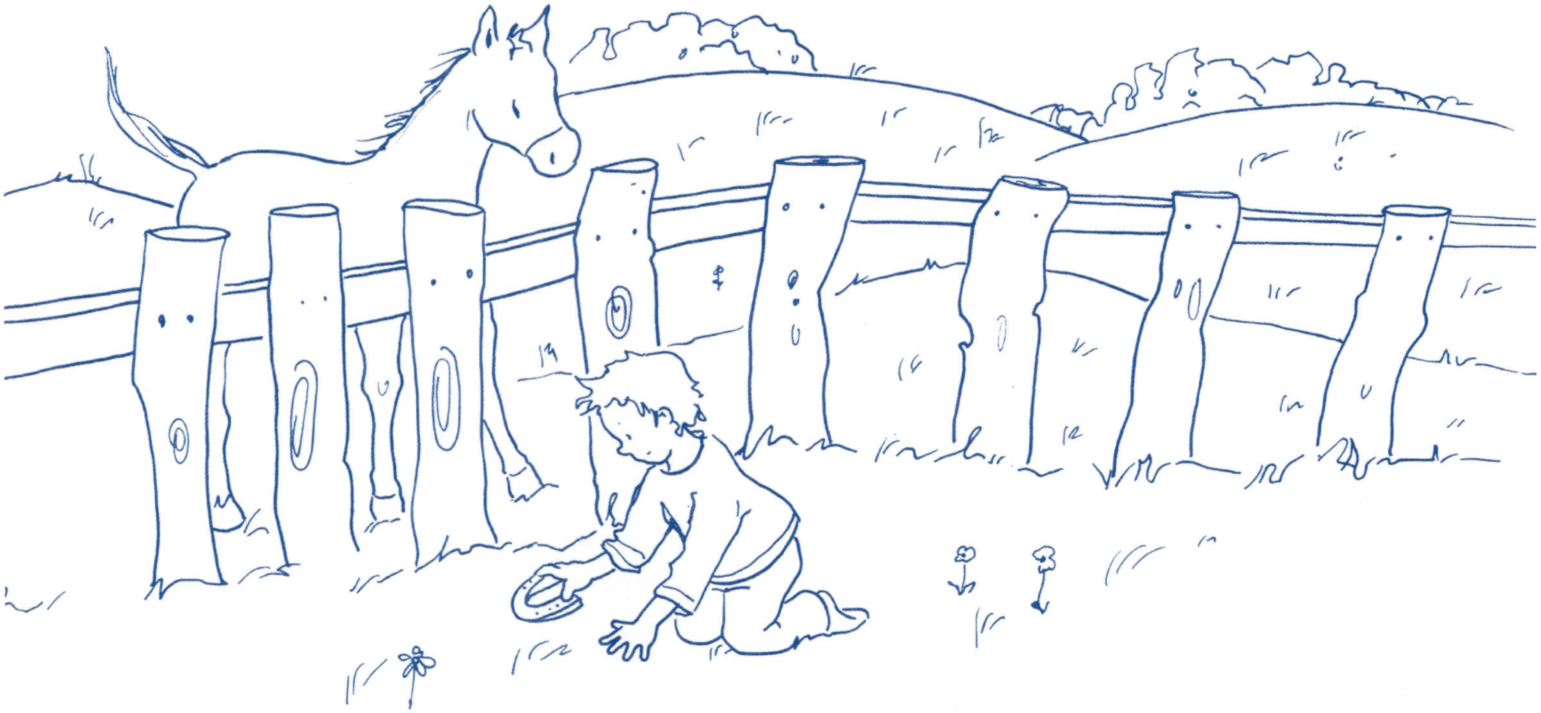

1

Zum Mitmachen, Ausprobieren und Staunen …

 SAG DOCH MAL …

Lenni ist am Anfang des Urlaubs nicht besonders gut gelaunt. Weißt du noch, warum?

 SAG DOCH MAL …

Der Bauer erzählt Lenni, was alles angeblich Glück bringt. Was sind das für Dinge? Glaubst du, Hufeisen bringen wirklich Glück? Kennst du noch andere Glücksbringer?

 DER GLÜCKSBRINGER

Bastle dir selbst einen Glücksbringer. Such dir dazu einen Kieselstein, der dir besonders gut gefällt. Male mit einem wasserfesten schwarzen Stift darauf ein Zeichen, das dir Glück bringen soll. Das könnte ein vierblättriges Kleeblatt oder ein Marienkäfer sein. Warte, bis die Farbe getrocknet ist. Dann kannst du den Stein in deine Hosentasche stecken. Vielleicht bringt er dir bald Glück.

„Hurra!", freut sich Melike, als sie die Bettdecke zurückschlägt. Heute ist nämlich ihr Geburtstag. Im Haus ist es noch ganz still. Bestimmt schlafen Mama und Papa noch, aber Melike kann keine Sekunde länger die Augen zubehalten. Draußen ist es auch schon hell. Da kann ihr Geburtstag jetzt wirklich anfangen, findet Melike. Außerdem muss sie auch gleich in die Küche laufen, denn dort stehen bestimmt schon die Geschenke für sie. Eigentlich wünscht sie sich ja nur eins, und zwar einen Hund. Das hat sie Mama und Papa schon seit Wochen jeden Tag gesagt, damit sie es auch nicht vergessen.

Wenn jetzt also der Hund so alleine in der Küche als Geschenk auf sie wartet, kann Melike auf keinen Fall in ihrem Zimmer bleiben. Also geht sie barfuß über den Flur und drückt die Klinke an der Küchentür nach unten. Melike lauscht. War da ein leises Bellen? Nein, nur der Holzboden unter ihren Füßen knarrt. Melike geht in die Küche und sieht sich um. Auf dem Küchentisch stehen schon Kerzen. Aber die sind natürlich noch nicht an. Drei Päckchen liegen auch auf dem Tisch, aber keines hat die Form eines Hundes. Das ist ja klar, weil man einen Hund auch nicht in ein Päckchen steckt. Aber wo könnte der Hund sonst wohl sein? Melike guckt überall: hinter der Tür, unter der Spüle und im Vorratsschrank, aber nirgends ist ihr Geburtstagshund. Da hört Melike Schritte im Flur.

„Hallo Geburtstagskind! Na, du bist aber früh wach. Alles Gute!", lacht Mama, als sie in die Küche kommt. Papa tapst verschlafen hinterher und gibt Melike einen Kuss auf die Backe. Dann zündet Mama die Kerzen an und greift nach den Geschenken.

„Für dich", sagt Papa und grinst.

Melike reißt das Papier von den Päckchen. Im ersten ist eine Puppe. Melike legt sie zur Seite. Im zweiten Paket ist ein Puzzle und im dritten ein Stofftier. Melike sieht ihre Eltern erwartungsvoll an.

„Und wo ist der Hund versteckt?", fragt sie.

„Aber Melike, darüber haben wir doch gesprochen. In unserer Wohnung ist kein Platz für einen Hund", seufzt Papa. Da muss Melike ganz fest schlucken, weil sie vor Enttäuschung einen dicken Kloß im Hals hat. Darum kann sie beim Geburtstagsfrühstück auch kaum etwas essen. Schade! Dabei gibt es ihren Lieblingskuchen. Nach dem Frühstück geht Melike in den Hof. Dort setzt sie sich auf den Rand des Mäuerchens und blinzelt traurig.

„Was ist denn mit dir los?", fragt plötzlich eine Stimme hinter ihr. Es ist Herr Weiler, der Nachbar.

„Ich habe heute Geburtstag", murmelt sie.

„Aber das ist doch kein Grund, so unglücklich zu schauen", meint er. Hinter ihm trottet Mirko, sein brauner Schäferhund. Er bleibt stehen und guckt Melike ebenso ratlos an wie sein Herrchen. Da kann Melike ihre Tränen nicht mehr zurückhalten.

„Aber ich hab mir doch so sehr einen Hund gewünscht", schluchzt sie.

„Wirklich?", fragt Herr Weiler. „Wie wäre es, wenn du statt eines Hundefrauchens eine Hundetante wirst?" Melike hört auf, zu weinen, und sieht Herrn Weiler mit großen Augen an.

„Du kannst jederzeit zu uns kommen und mit mir und Mirko Gassi gehen", erklärt Herr Weiler.

„Echt?", fragt Melike. Plötzlich fühlt sie sich so richtig geburtstagsglücklich.

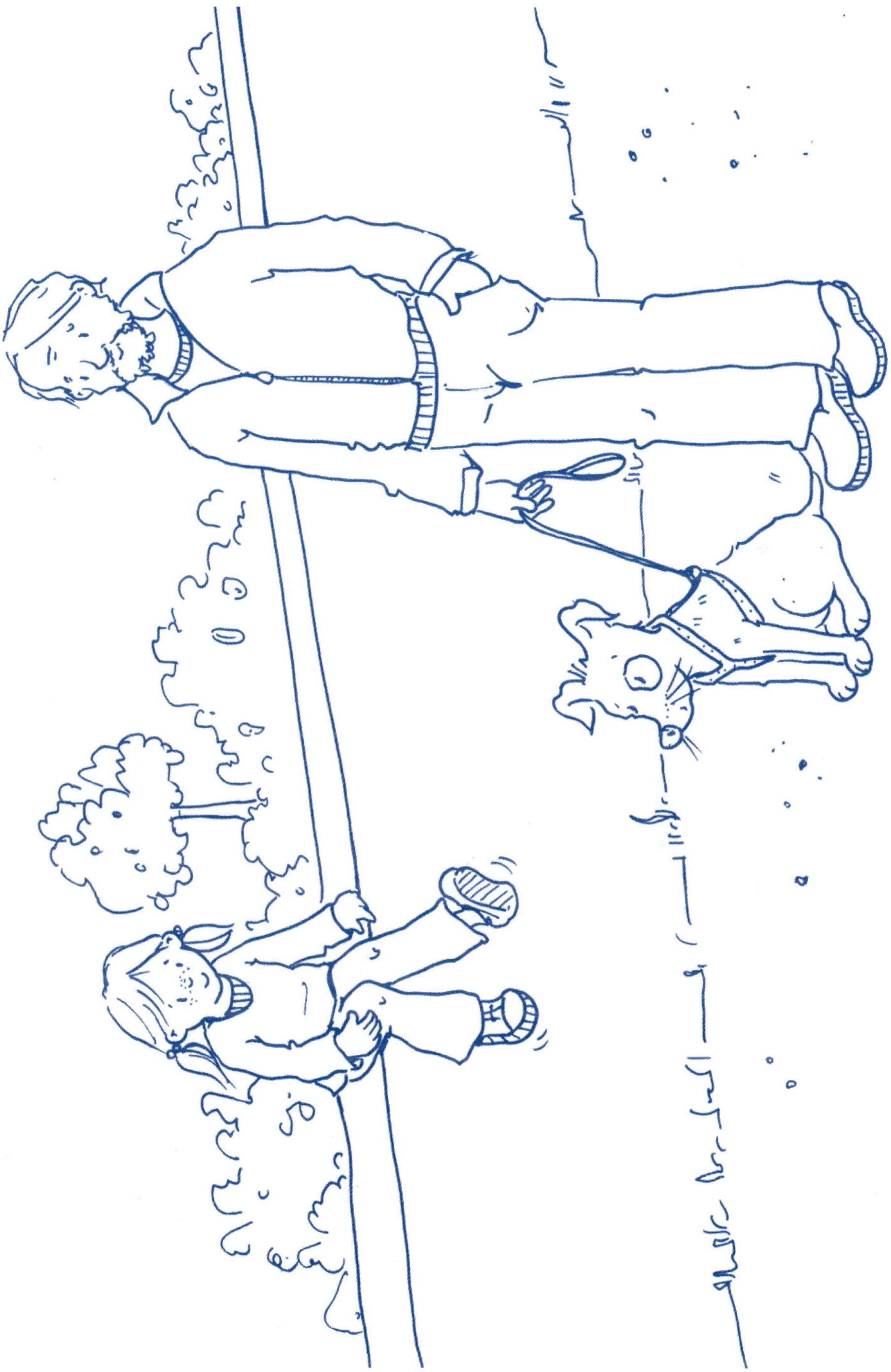

2

Zum Mitmachen, Ausprobieren und Staunen …

 SAG DOCH MAL …

Welcher besondere Tag ist heute für Melike? Weißt du noch, was sie sich wünscht? Was bekommt sie stattdessen?

 SAG DOCH MAL …

Glaubst du, dass man nur glücklich sein kann, wenn sich alle Wünsche erfüllen? Wann warst du heute so richtig glücklich?

 DER WUNSCHZETTEL

Was wünschst du dir zum nächsten Geburtstag oder zu Weihnachten? Male einen Wunschzettel mit deinen Wünschen, dann vergisst du sie bis dahin nicht und kannst den Wunschzettel an deine Eltern oder Großeltern weitergeben. Du kannst auch Dinge aus Zeitschriften und Katalogen ausschneiden und sie auf deinen Wunschzettel kleben.

„Die sind für dich", sagt Onkel Thomas. Er überreicht Paul
feierlich eine große Schachtel. Paul findet es herrlich, wenn
sein Onkel zu Besuch ist. Das liegt nicht nur daran, dass Onkel
Thomas immer ein Geschenk mitbringt. Mit ihm kann Paul
auch so richtig Spaß haben, denn Onkel Thomas nimmt sich
immer Zeit, um mit ihm zu spielen, Piraten in Seenot oder Rit-
terquatsch.
Paul öffnet das Paket von Onkel Thomas und stößt einen Jubel-
schrei aus.
„Juhu! Inline-Skates! Die habe ich mir schon lange gewünscht!", ruft er und fällt Onkel Thomas um den Hals.
„Willst du sie gleich mal ausprobieren?", schlägt Onkel Thomas
vor. Und ob Paul das will! Er schnappt sich die Inline-Skates aus
der Schachtel und grinst. Gemeinsam gehen die beiden in den
Hof. Dort ist eine gepflasterte Fläche, die schön gerade ist. Da
kann man die Inline-Skates bestimmt prima testen.
Paul setzt sich auf den Boden und zieht seine Schuhe aus. Dann
schlüpft er in die Inliner. Onkel Thomas hilft ihm dabei, die
Schnallen daran festzuziehen.
„Die Schuhe müssen richtig fest sitzen", erklärt Onkel Thomas.
Dann reicht er Paul seine Hand, denn mit Rollen an den Füßen
ist es wirklich schwer, aufzustehen. Etwas wackelig zieht sich
Paul hoch. Kaum steht er, fängt er auch schon an, wegzurollen.
Onkel Thomas macht einen Schritt zurück und lässt Pauls Hän-
de los. Schon rollt Paul weiter. Das fühlt sich kippelig an. Paul
rudert mit den Armen.
„Hilfe!", ruft er, weil er gar nicht weiß, wie er wieder anhalten
kann. Onkel Thomas will nach Paul greifen, aber da knicken
Pauls Knie ein und schwupps – landet Paul auf seinem Po.
„Aua", jammert Paul und reibt sich seine Pobacken.

3

„Los, nochmal", schlägt Onkel Thomas vor.

„Das lerne ich nie", murmelt Paul. Er hat eigentlich gar keine Lust mehr, weiter auf Rollen zu fahren.

„Ich halte dich fest", verspricht Onkel Thomas.

Na gut. Paul zieht sich noch einmal an den Händen seines Onkels hoch. Wieder wackelt und rollt er drauf los.

„Ich zieh dich", meint Onkel Thomas.

Aber so richtig will das nicht klappen, denn immer, wenn Onkel Thomas schneller zieht, fangen Pauls Knie an, zu zittern. Und als Onkel Thomas langsamer zieht, rollt ihm Paul direkt auf seine Zehen. Paul will nicht länger von Onkel Thomas gezogen werden, aber ohne Halt kann Paul nicht auf den Schuhen mit den Rollen stehen und fahren. Er sieht sich um.

„Ich probiere es jetzt alleine", bestimmt er.

Paul lässt Onkel Thomas' Hände los und lässt sich vorsichtig auf den Boden gleiten. Dann krabbelt er kurzerhand an den Rand des Pflasters. Dort ist ein Zaun. An dem kann Paul sich hochziehen. Zuerst wackelt, kippelt und rollt er ein bisschen, aber dann umschließt er eine Latte des Zauns fest mit einer Hand. Vorsichtig wagt er einen Schritt nach vorne. Dabei greift er nach der nächsten Zaunlatte. Paul rollt weiter von Latte zu Latte.

„Klappt ja schon ganz gut", grinst Onkel Thomas.

„Ja, und ich habe das jetzt ganz alleine geschafft", strahlt Paul glücklich.

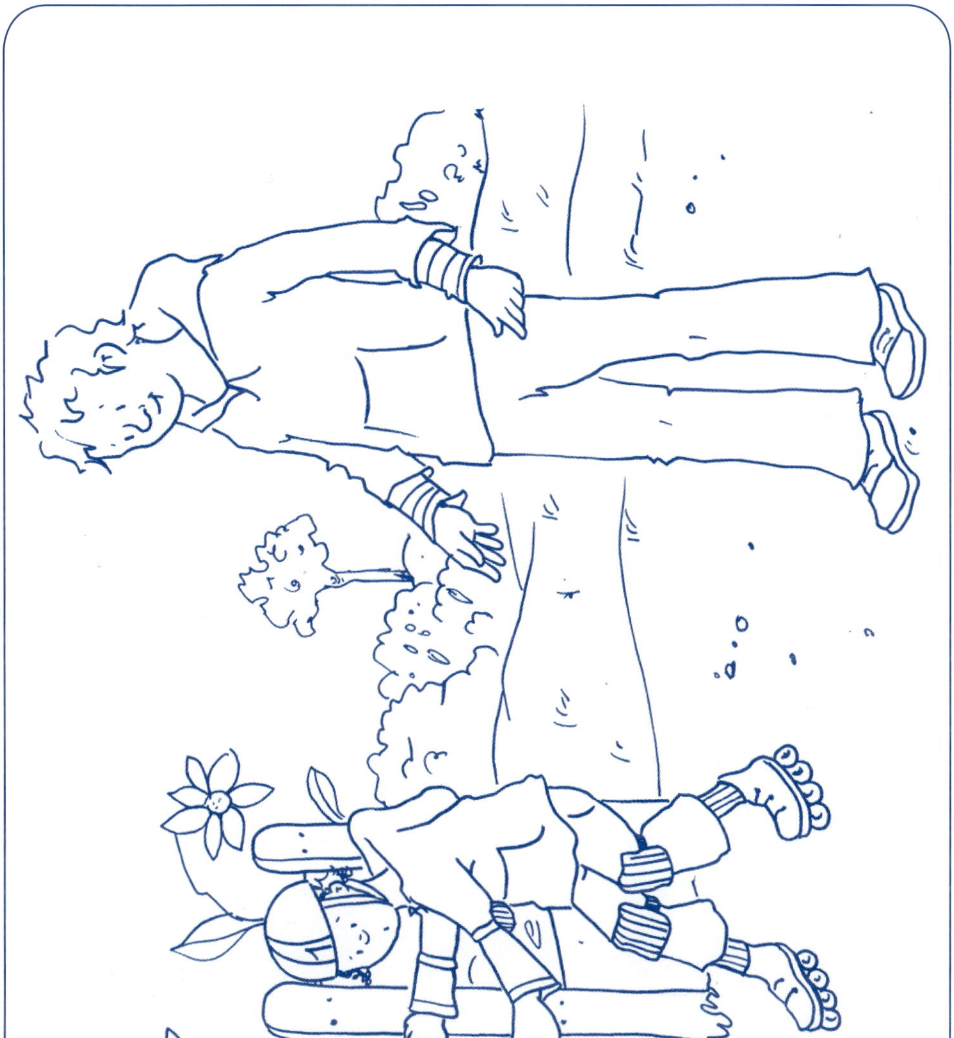

3

Zum Mitmachen, Ausprobieren und Staunen …

 SAG DOCH MAL …

Was hat Onkel Thomas Paul mitgebracht?
Wo möchte Paul das Geschenk gleich ausprobieren?

 SAG DOCH MAL …

Wenn man etwas alleine geschafft hat, kann man richtig stolz
auf sich sein. Was hast du schon einmal ganz alleine geschafft?

 DAS SCHLITTER-SPIEL

Auf Inline-Skates zu fahren, ist schwierig. Du kannst einmal
ausprobieren, wie es sich anfühlt, keinen festen Stand zu haben und dich trotzdem vorwärtszubewegen. Nimm dir dazu
zwei Zeitungsseiten. Stell dich mit jedem Fuß auf eine Zei-
tungsseite, und versuch, auf ihnen durch das Zimmer zu schlit-
tern. Bewege dich vorwärts, ohne mit den Füßen den Boden zu
berühren.

Heute ist Jasper bei Phil zu Besuch. Das haben die beiden schon am Morgen in der Kita so abgemacht. Gestern war Phil bei Jasper. Die zwei sind beste Freunde. Und da ist es klar, dass sie sich oft gegenseitig besuchen.

Jasper sitzt auf dem Boden von Phils Kinderzimmer.

„Was wollen wir denn spielen?", fragt er.

Eigentlich hatten sie verabredet, draußen im Garten Fußball zu spielen, weil Phil dort ein echtes Tor stehen hat. Aber nun regnet es. Da klappt das mit dem Fußballspielen natürlich nicht. Doch das macht nichts, denn Jasper und Paul können auch drinnen spielen. Aber was?

„Hochhaus", schlägt Phil vor.

Jasper nickt. Das Spiel spielen die beiden öfter. Sie haben es selbst erfunden. Das Spiel geht so: Jeder der beiden versucht, so schnell wie möglich aus Bausteinen ein riesig hohes Haus zu bauen, bis alle Bausteine verbraucht sind. Wer am Ende das höchste Haus hat, darf das Hochhaus des anderen zum Einsturz bringen. Das macht dann einen Höllenlärm, und beide müssen schrecklich lachen.

Als sie mit dem Hochhaus-Spiel fertig sind, überlegen sie sich ein neues Spiel.

„Autobahn", schlägt diesmal Jasper vor.

Die beiden Jungen schieben alle Bausteine auf einen Haufen. Damit legen sie eine Straße. Die wird richtig breit und so lang, dass sie von der Tür bis zum Bett auf der anderen Seite des Zimmers reicht. Phil holt seine Autokiste. Mit dem Müllauto macht er eine erste Probefahrt auf der neuen Autobahn. Jasper schnappt sich den roten Sportwagen. Mit dem kann er turboschnell über die Autobahn rasen, viel schneller als das Müllauto. Deshalb muss Jasper es jetzt überholen.

„Tut! Tut!", ruft er, weil er will, dass Phil mit seinem lahmen Müllauto zur Seite fährt, aber Phil denkt gar nicht daran, Platz zu machen. Da muss Jasper kurz von der Autobahn herunterfahren und auf dem Teppich an Phils Müllauto vorbeirasen. Als Jasper wieder auf die Autobahn fahren will, schlittert er an einen Baustein. Dabei verrückt der Stein.

„Jetzt müssen wir die Autobahn reparieren", brummt Phil.

„Oder wir reißen sie ab", meint Jasper und grinst. Die Idee findet Phil richtig gut. Die beiden fangen an, die Bausteine mit ihren Fahrzeugen wild auf einen Haufen in der Zimmermitte zu schieben. Dabei lassen sie die Reifen quietschen und rufen: „Brumm! Krkrkr! Kawumm!"

Als die gesamte Autobahn nur noch ein Bausteinberg ist, lassen sich die beiden kichernd aufs Bett fallen. Dort greift Phil nach dem Kopfkissen und schleudert es zu Jasper. Jasper schmeißt das Kissen zurück. Das Gelächter der beiden wird immer lauter und die Kissenschlacht immer wilder. Da geht plötzlich die Tür auf. Phils Mama steckt ihren Kopf herein.

„Was macht ihr denn für einen Lärm?", will sie wissen.

„Wir machen Quatsch", lacht Phil.

„Müsst ihr denn so einen Quatsch machen?", fragt Mama etwas genervt.

Jasper und Phil hören mit der Kissenschlacht auf und sehen sich an. Dann nicken sie.

„Quatsch macht glücklich", sagt Jasper, und beide fangen wieder an, zu kichern.

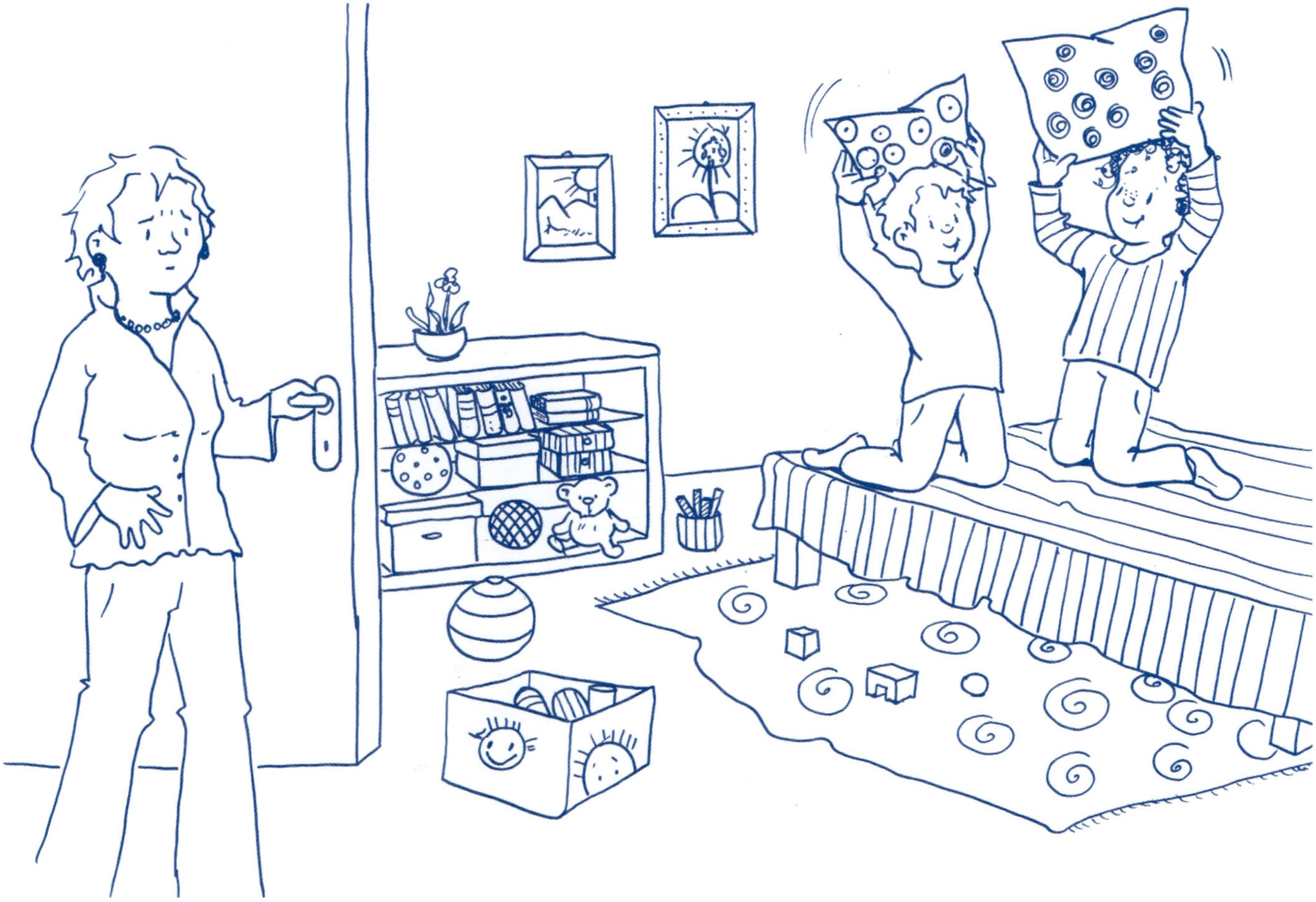

Zum Mitmachen, Ausprobieren und Staunen …

4

 SAG DOCH MAL …

Was spielen Jasper und Phil alles? Kannst du dich noch an die Spiele erinnern?

 SAG DOCH MAL …

Jasper sagt: „Quatsch macht glücklich." Denkst du, dass es sich gut anfühlt, wenn man zusammen Quatsch macht? Wann hast du das schon einmal erlebt?

 DAS QUATSCH-SPIEL

Veranstalte ein kleines „Quatsch-Spiel" mit einem Freund. Dazu überlegt sich der erste ein Wort und der andere macht einen lustigen Satz daraus, der so gar nicht stimmt. Z. B. nennt einer das Wort „Banane", und der andere sagt daraufhin: „Die Banane fährt auf der Straße." Dann ist der andere an der Reihe, sich ein Wort zu überlegen.

„Spielst du mit mir?", fragt Amandou und hält seiner Mama das neue Farbenspiel unter die Nase.

„Keine Zeit", sagt Mama, „ich muss noch am Computer arbeiten."

Amandou zieht einen Schmollmund und trottet aus dem Wohnzimmer, wo in der Ecke Mamas Schreibtisch steht. Sein Spiel klemmt er sich unter den Arm. Dann zuckt er mit den Achseln. Wenn Mama keine Zeit hat, dann wird er eben Papa fragen. Amandou läuft in die Küche.

„Spielst du mit mir?", fragt er und hält Papa die Spieleschachtel hin.

Papa schüttelt den Kopf.

„Ich repariere gerade den Wasserhahn. Du siehst ja, dass ich jetzt keine Zeit habe."

Amandou lässt seinen Kopf hängen. Keiner hat Zeit zum Spielen, und alleine kann man das Farbenspiel nicht spielen. Blöd! Enttäuscht schlurft Amandou über den Flur zu seinem Zimmer. Als er an der Wohnungstür vorbeikommt, ertönt die Türglocke.

„Ich mach' auf!", ruft Amandou, stellt sein Spiel auf den Boden und öffnet die Tür.

„Hallo, mein Großer", flötet Oma. Sie steht mit einem großen Korb im Treppenhaus und ist etwas aus der Puste.

„Hilfst du mir mal beim Tragen?", fragt sie.

Das kann Amandou natürlich machen, denn er ist schließlich schon groß. Er zieht die Wohnungstür ganz auf und greift nach Omas Korb. Ganz schön schwer!

„Ich hab' heute Marmelade gemacht und wollte euch nur schnell ein paar Gläser davon vorbeibringen", sagt Oma, als sie hinter Amandou in die Wohnung tritt. Den Korb stellt Aman-

dou im Flur ab, gleich neben seiner Spieleschachtel. Da fällt ihm etwas ein. „Hast du Zeit?", fragt Amandou hoffnungsvoll. Oma wackelt mit dem Kopf hin und her, weil sie kurz überlegen muss.

„Eigentlich müsste ich noch einkaufen gehen, aber das kann ich auch später machen. Das läuft mir nicht weg", sagt sie entschlossen und zieht ihre Jacke aus.

„Ja, ich habe Zeit. Wollen wir etwas spielen?" Amandou strahlt. Dann nickt er und hebt sein Farbenspiel hoch. Gemeinsam gehen die beiden ins Kinderzimmer und setzen sich auf den Boden. Schnell hat Amandou Oma die Regeln des neuen Spiels erklärt. Leider verliert Oma alle drei Runden, die sie spielen. Das ist Pech für sie, aber Glück für Amandou.

„Liest du mir noch ein Buch vor?", fragt Amandou und holt sein Dinosaurierbuch aus der Bücherkiste. Oma streckt sich etwas. „Gerne, aber hier auf dem Boden ist es etwas ungemütlich", stöhnt sie. Amandou kratzt sich am Kopf.

„Dann bauen wir uns eine gemütliche Leseburg", schlägt er vor. Er zieht die Decke und das Kissen von seinem Bett. Dann flitzt er ins Wohnzimmer und stopft sich drei Sofakissen unter den Arm. Mama sieht von ihrem Schreibtisch auf.

„Was hast du denn vor?", will sie wissen.

„Ich baue mit Oma eine Burg", erklärt er schnell. Dabei flitzt er auch schon aus dem Zimmer. Im Kinderzimmer lässt er die Kissen auf den Boden plumpsen.

„Ach, du liebe Zeit", lacht Oma.

„Ja, es ist echt lieb, dass du Zeit hast", grinst Amandou und macht sich gleich daran, die Kissenburg aufzustapeln.

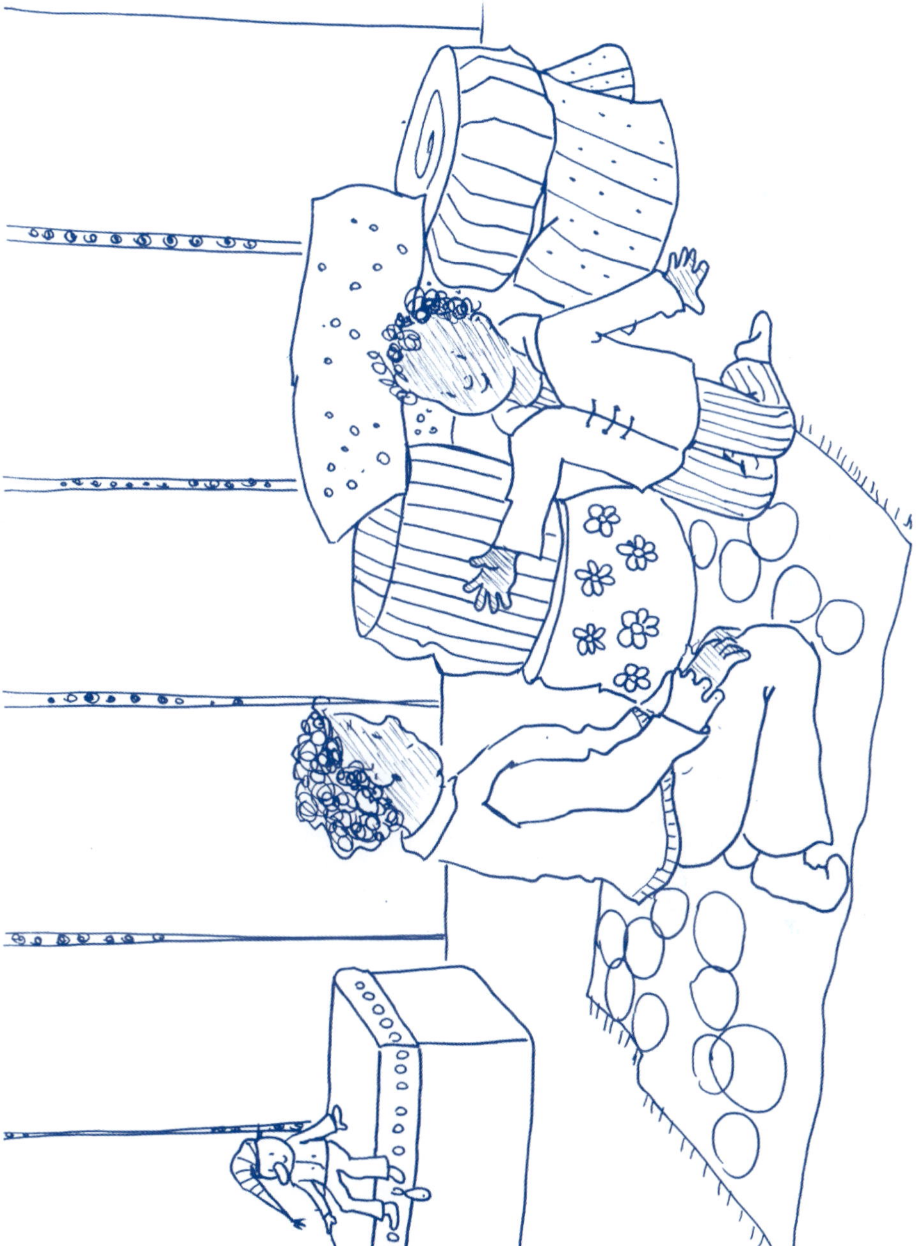

5

Zum Mitmachen, Ausprobieren und Staunen …

 SAG DOCH MAL …

Warum haben Amandous Eltern keine Zeit für ihn? Wer nimmt sich stattdessen Zeit, um mit ihm zu spielen?

 SAG DOCH MAL …

Was ist Zeit? Kann man Zeit sehen oder riechen oder fühlen?

 LIEBLINGSBESCHÄFTIGUNGSUHR

Bastle dir eine Uhr, auf die du alle Beschäftigungen malst, für die du gerne Zeit hast, z. B. Spielen, Malen, Toben usw. Nimm dir dazu einen Karton, und schneide ihn zu einem Kreis aus. Male darauf die Bilder von deinen Lieblingsbeschäftigungen. Schneide aus den Resten des Kartons noch zwei Streifen aus. Sie dienen als Zeiger für deine Uhr. Stich jeweils einen kleinen Schlitz in den Rand der schmalen Seite deiner Zeiger und in die Mitte deiner Uhr. Nimm eine Musterklammer, und fädle sie durch die Zeigerschlitze und den Uhrenschlitz. Biege die „Füßchen" der Klammer auf der Rückseite der Uhr auseinander. Nun lassen sich deine Uhrzeiger drehen. Stelle die Zeiger der Uhr so ein, dass sie immer gerade auf das Bild von der Beschäftigung zeigen, nach der dir im Moment am meisten ist.

Marco besucht heute seinen Freund Leo. Sie wollen zusammen Fußball spielen, aber nicht nur spielen, auch trainieren und üben, denn morgen ist das große Fußballturnier im Sportverein. Und in der Mannschaft der G-Jugend spielen Marco und Leo mit.

Sie trippeln und jagen und schießen den Ball im Garten hin und her, aber als Leo schließlich das vierte Tor geschossen hat, sagt Marco: „Ich hab keine Lust mehr, und außerdem hab ich voll Durst!"

Leo nimmt seinen Freund Marco mit in sein Kinderzimmer. Sie setzen sich auf Leos Bett und trinken jeder ein großes Glas Apfelschorle.

„Ah! Schon viel besser."

Marco sieht sich in Leos Kinderzimmer um. Es sieht fast genauso aus wie sein eigenes Zimmer zu Hause. Nur über Leos Bett entdeckt Marco ein seltsames Bild. Das Bild ist gemalt. Es ist kein Foto. Auf dem Bild sieht Marco einen Mann. Er hat ein komisches weißes Kleid an und steht mit erhobenen Händen da. Aber das Allerseltsamste an dem Bild ist, dass hinter dem Rücken des Mannes zwei große, weiße, fedrige Flügel hervorschauen. Das sieht so witzig aus, dass Marco ein kleines Lachen herausplatzt.

„Wer ist das denn?", fragt er.

Leo dreht sich zum Bild um. Dann schaut er zu Marco, ganz ernst.

„Das ist mein Schutzengel, du Blödi!"

Marco merkt, dass Leo jetzt ein bisschen beleidigt ist.

„Dein Schutzengel? Wer soll das sein? Was macht der?"

Leo erklärt: „Er passt immer auf mich auf und hilft mir. Zum Beispiel morgen beim Fußball kann er helfen, damit wir gewinnen."

„Kann er nicht!" Marco findet, dass Leo Blödsinn redet. „Der kann nicht Fußball spielen. Sieht man doch!"

Leo will nicht weiter darüber sprechen, aber Marco geht der Engel nicht aus dem Kopf. Am Abend, als er mit Mama und Papa beim Essen sitzt, fragt Marco nach.

„Papa, kann ein Engel Fußball spielen?"

Papa fragt: „Wie kommst du denn darauf?"

„Der Leo hat das gesagt. Sein Schutzengel kann machen, dass wir morgen das Spiel gewinnen. Das ist doch voll der Quatsch, oder?"

Papa überlegt. „Na ja, »voll der Quatsch« ist das vielleicht gar nicht. Ich weiß zwar nicht, ob ein Engel Fußball spielen kann, aber ich denke, wenn Leo an seinen Schutzengel glaubt, kann die Kraft von seinem Glauben dabei helfen, das Spiel zu gewinnen." Papa sieht Marco fragend an. „Verstehst du, was ich meine?"

„Also weil der Leo daran glaubt, dass der Engel ihm hilft, hilft er ihm in echt?"

„Ja, so ungefähr." Papa nickt.

Marco überlegt. „Warum hab ich dann keinen Engel?"

Jetzt sagt Mama etwas: „Du hast auch einen. Jeder Mensch hat einen Schutzengel."

„Aber dann will ich auch ein Bild von ihm haben, unbedingt Mama!"

„In Ordnung", lächelt Mama. „Gleich morgen suchen wir ein Bild von deinem Schutzengel aus."

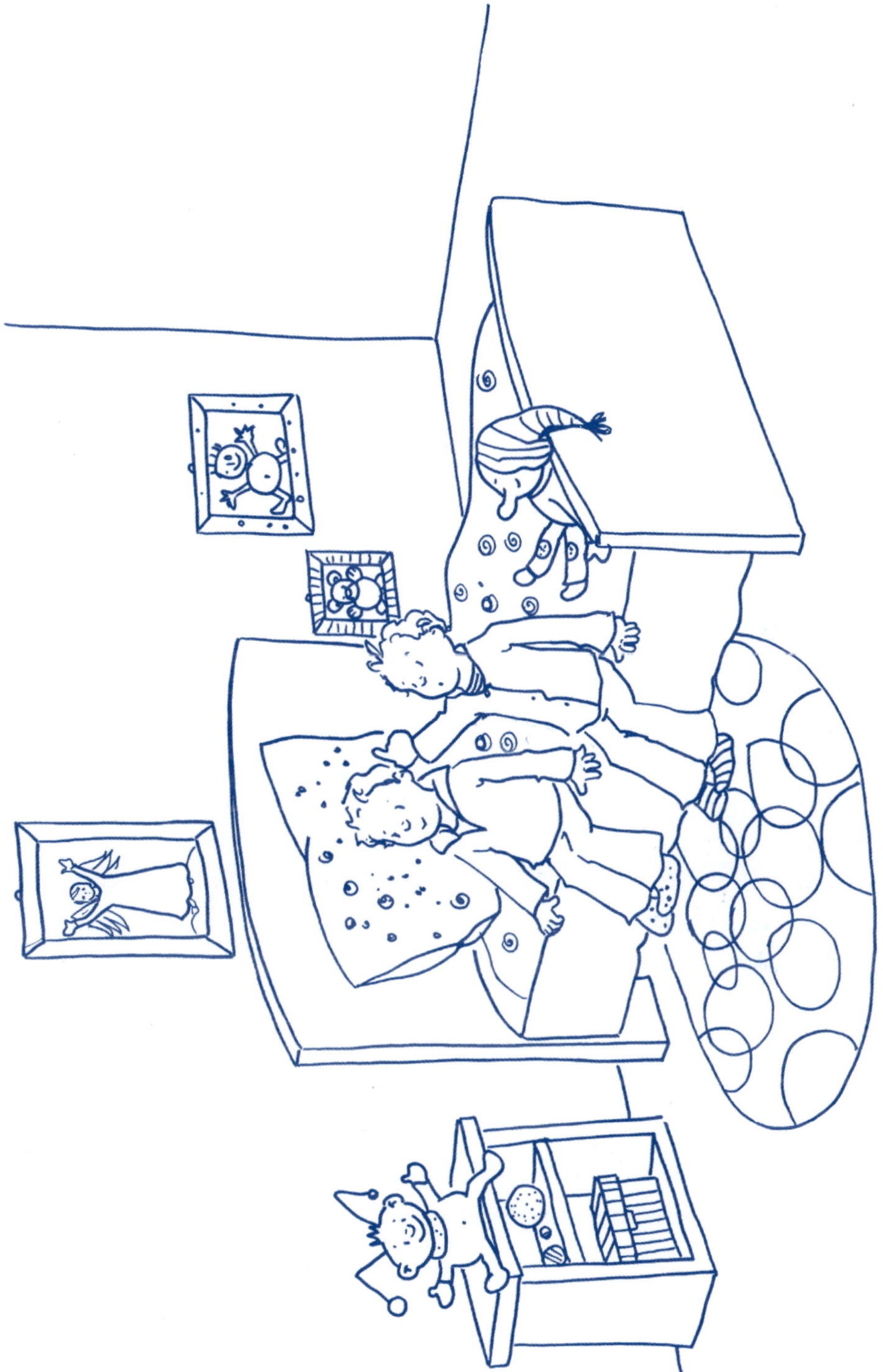

6

Zum Mitmachen, Ausprobieren und Staunen ...

 SAG DOCH MAL ...

Hast du schon einmal etwas von Engeln gehört? Wie, glaubst du, sehen sie aus?

 SAG DOCH MAL ...

Denkst du, dass jeder Mensch einen Schutzengel hat? Was könnte dein Engel für dich tun oder schon getan haben?

 DER SCHUTZENGEL

Nimm ein Stück selbsthärtende Modelliermasse, und forme einen Engel daraus. Gestalte ihn so, wie du dir deinen persönlichen Schutzengel vorstellst. Wenn du möchtest, kann er dann, wenn er getrocknet ist, in deinem Kinderzimmer stehen.

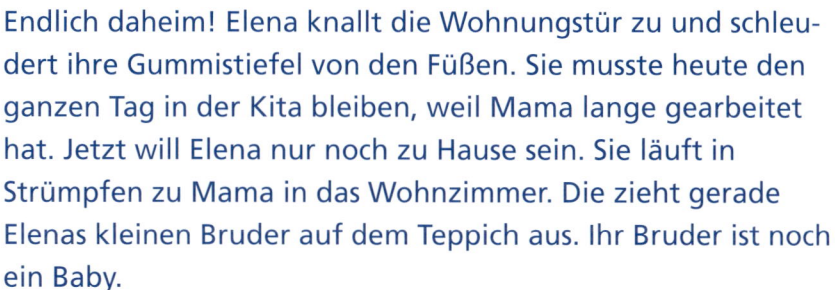

Endlich daheim! Elena knallt die Wohnungstür zu und schleudert ihre Gummistiefel von den Füßen. Sie musste heute den
ganzen Tag in der Kita bleiben, weil Mama lange gearbeitet
hat. Jetzt will Elena nur noch zu Hause sein. Sie läuft in
Strümpfen zu Mama in das Wohnzimmer. Die zieht gerade
Elenas kleinen Bruder auf dem Teppich aus. Ihr Bruder ist noch
ein Baby.
„Mama, wollen wir es uns jetzt gemütlich machen?", fragt
Elena.
„Ja, na klar", sagt Mama. „Aber nur Kinder mit Hausschuhen
können es sich gemütlich machen." Da flitzt Elena in den Flur
zurück und schlüpft schnell in ihre Hausschuhe. Als sie zurück-
kommt, steht Mama schon in der Küche.
„Machen wir uns Kakao?"
Elena nickt ganz fest. Sie setzt sich auf die Eckbank in der Kü-
che, und kurz darauf schiebt Mama ihr eine dampfende Tasse
mit leckerem Kakao hinüber.
„Möchtest du dazu eine CD hören?", fragt Mama, die jetzt da-
mit beginnt, die Spülmaschine auszuräumen. Elena nickt wie-
der, aber als die CD läuft, ist Elena nicht wirklich zufrieden.
„Mama", sagt sie, „es ist noch nicht gemütlich."
„Was?"
Mama dreht sich um. „Noch nicht? Was willst du noch? Die
Kuscheldecke?"
Elena nickt wieder. Mama holt die Kuscheldecke vom Wohn-
zimmer und legt sie ganz eng um Elena. Es wird warm in der
Decke, aber Elena ist immer noch nicht glücklich.
„Es ist immer noch nicht gemütlich", nörgelt sie.
„Was denn jetzt noch?"

Mamas Stimme klingt schon etwas genervt. Sie geht ins Wohnzimmer, hebt Elenas kleinen Bruder hoch und legt ihn neben Elena auf die Bank. Dann schiebt sie den Tisch ganz nah heran und wickelt die Decke so um Elena und ihren Bruder herum, dass das Baby nicht herunterfallen kann.

„Ist jetzt alles gut?", fragt sie. „Ist es nun endlich gemütlich?"
Elena schüttelt den Kopf. Mama sieht sie ratlos an.
„Elena, was ist denn los? Warum nicht?"
Elena schnieft und sagt: „Es fehlt halt etwas!"
„Es fehlt immer noch etwas? Du hast einen Kakao, eine CD, eine Kuscheldecke, deinen kleinen Bruder, und es fehlt immer noch etwas?"
„Ja", erwidert Elena trotzig.
„Ja, dann sag doch mal, was noch fehlt!" Mamas Stimme wird lauter.
„Du", sagt Elena leise. „Du fehlst noch!"
„Ach, Elena!" Mama seufzt, und ihre Stimme wird wieder leiser. Sie sieht Elena liebevoll an und wirft dann einen Blick auf die Spülmaschine.
„Du hast Recht. Die blöde Spülmaschine kann doch warten."
Sie nimmt sich eine Tasse aus dem Schrank, schenkt sich Kakao ein und setzt sich neben Elena auf die Bank.
„Siehst du, jetzt ist es wundervoll gemütlich", sagt Elena und kuschelt sich an Mama.

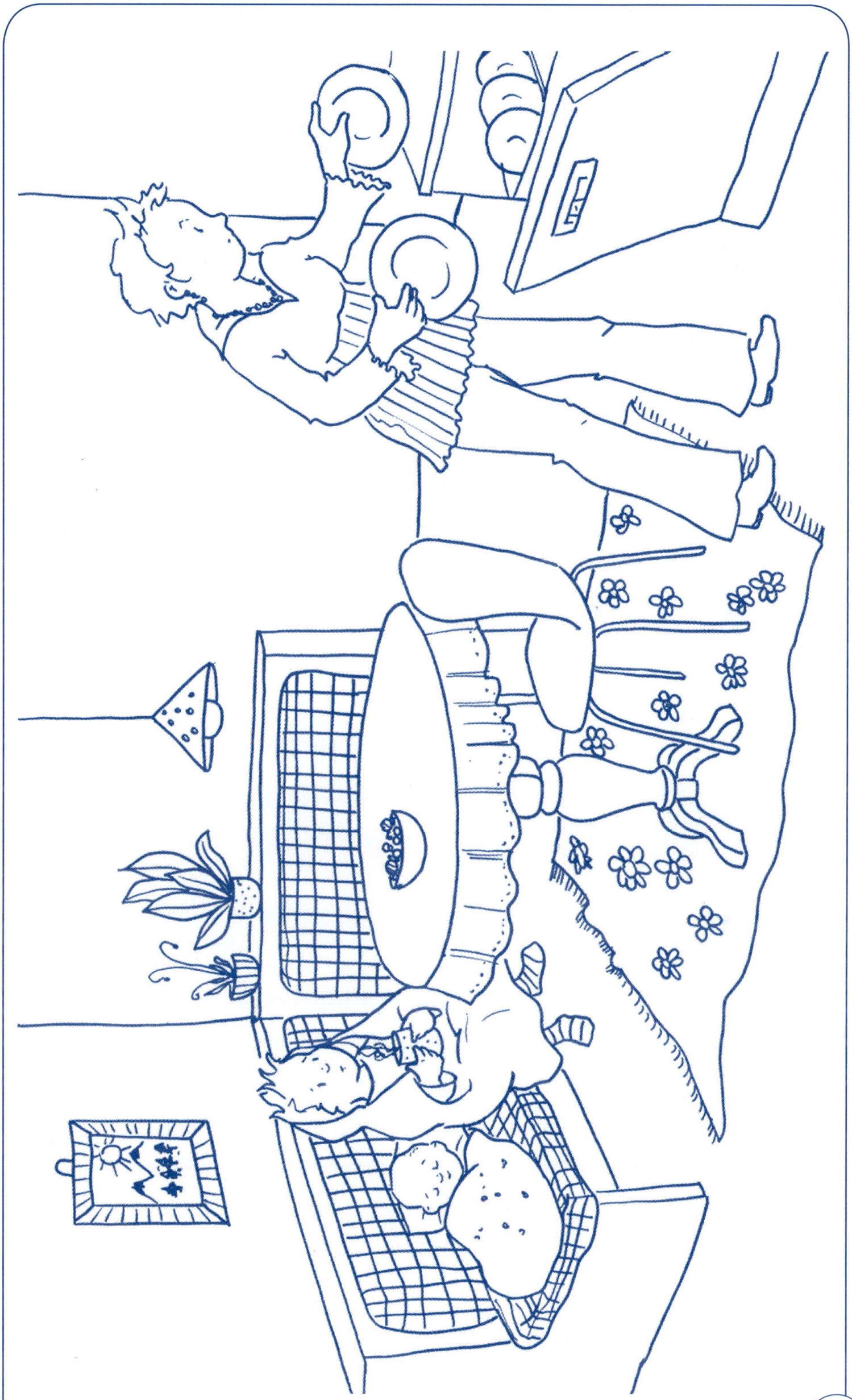

7

Zum Mitmachen, Ausprobieren und Staunen …

 SAG DOCH MAL …

Elena braucht viele Dinge und Menschen, damit es für sie gemütlich ist. Weißt du noch, welche es sind? Zähle sie alle auf!

 SAG DOCH MAL …

Wie fühlst du dich, wenn du es gemütlich hast? Versuche, das Gefühl zu beschreiben!

 GEMÜTLICHKEIT

Überlege, was du brauchst, um es dir gemütlich zu machen. Vielleicht baust du dir eine Höhle oder ein Kuschelnest in deinem Bett? Möchtest du es alleine gemütlich haben oder mit einem Freund, Mama oder Papa? Suche alles zusammen, was du dazu brauchst, und mach es dir einmal so richtig gemütlich!

 ROLLENSPIEL

Spiele die Geschichte mit einem Freund mit verteilten Rollen nach. Du kannst dabei noch Dinge dazuerfinden, die du brauchen würdest, um es dir so richtig gemütlich zu machen.

Endlich! Es ist so weit. Der große Tag ist da. Es ist Sommerfest in der Kita. Klaus freut sich schon so lange auf diesen Tag. Er sitzt hinten im Auto in seinem Kindersitz und strampelt mit den Beinen, weil die vor lauter Vorfreude so kribbeln. Als sie ankommen, ist der Garten der Kita bereits voll mit Eltern, Kindern, Omas, Opas und Erzieherinnen. Alle haben gute Laune und reden und lachen.

Klaus spürt ein kleines Kribbeln im Bauch, so aufgeregt ist er. Im Sandkasten sieht er seine Freunde. Sie graben mit großen Schaufeln Löcher. Schnell rennt Klaus los, um zu sehen, was sie da machen. Er schnappt sich ebenfalls eine Schaufel und ruft: „Hallo! Was macht ihr da? Kann ich mitmachen?"

„Ja, klar!", rufen die Jungs. „Wir graben nach Glitzersteinen. Hier sind überall welche versteckt!"

Begeistert gräbt Klaus mit. Er gräbt und gräbt, hat aber leider kein Glück. Während seine Freunde einen Stein nach dem anderen im Sand glitzern sehen, gräbt Klaus offenbar immer an der falschen Stelle. Er findet gar nichts. Als er keine Lust mehr hat, geht Klaus seine Eltern suchen. Sie sitzen bei Kaffee und Kuchen auf einer Bank und unterhalten sich.

„Da bist du ja!"

Klaus Mutter nimmt ihn an die Hand. „Schau mal! Da drüben ist eine Tombola. Wollen wir ein paar Lose ziehen?"

„Tombola?", fragt Klaus missmutig. „Was ist das denn?"

„Da werden tolle Preise verlost", erklärt seine Mutter. „Wir ziehen ein paar Lose. Auf den Losen sind Nummern drauf, und wenn am Ende vom Sommerfest die Glücksfee unsere Nummer zieht, gewinnen wir etwas." Klaus Mutter nimmt ihn mit. Bei der Tombola sind einige große Spielsachen und viele kleine

aufgestellt. Das sind die Preise. Klaus staunt. Ein riesiges, ferngesteuertes Feuerwehrauto steht da.

„Das ist der Hauptgewinn", flüstert seine Mutter ihm zu. Dann darf Klaus fünf Lose ziehen. Er öffnet die kleinen Röllchen. Auf drei Losen steht „Leider kein Glück gehabt" drauf. Aber zwei seiner Lose haben eine Nummer. Seine Mutter passt auf die Lose mit den Nummern auf.

Am Abend kommt der große Moment. Klaus steht mit offenem Mund dabei, als ein Mädchen aus der Käfergruppe ausgesucht wird. Es bekommt eine Krone aufgesetzt und ist jetzt die Glücksfee, die die Gewinner ziehen darf. Die kleinen Preise werden zuerst verlost. Klaus schluckt schwer, als seine Nummern nicht dabei sind. Er beobachtet, wie andere Kinder sich freuen und ihre Spielsachen in Empfang nehmen.

Am Ende ist nur noch der Hauptgewinn, das Feuerwehrauto, übrig. Die Glücksfee greift in die Box mit den Losen, und die Erzieherin liest die letzte Nummer vor. Da wird Klaus in die Seite geboxt. Es ist seine Mutter.

„Das sind wir!", ruft sie. „Wir haben gewonnen. Das ist unsere Nummer." Klaus kann es kaum fassen. In seinem Bauch steigt ein Kribbeln und Krabbeln nach oben und scheint in seinem Hals zu explodieren, sodass er nach Luft schnappen muss. Ihm wird ganz heiß, und er kann nicht anders, als die Arme nach oben zu reißen.

„Gewonnen!", schreit er, springt auf und hüpft hin und her. „Ich hab gewonnen."

Noch nie in seinem Leben hat Klaus sich so glücklich gefühlt wie in dem Moment, in dem die Erzieherin ihm das rote Feuerwehrauto überreicht.

8

Zum Mitmachen, Ausprobieren und Staunen …

 SAG DOCH MAL …

Weißt du noch, wie viele Lose Klaus gezogen hat? Wie viele Nummern waren dabei?

 SAG DOCH MAL …

Klaus fühlt sich bei seinem Gewinn richtig glücklich. Wie hat sich das bei ihm angefühlt?

 SAG DOCH MAL …

Was denkst du, was Glück ist? Was, außer einem Gewinn, könnte noch glücklich machen?

 GESTIK UND MIMIK

Kannst du es anderen ansehen, wenn sie glücklich sind? Wie sehen sie dann aus? Versuche, ein glückliches Gesicht zu machen oder zu zeigen, dass du glücklich bist. Kannst du noch andere Gefühle mit deinem Gesicht oder Körper ausdrücken?

Heute hat Azra es sehr eilig, zur Kita loszugehen, denn auf dem Weg dahin kommt sie mit Mama am Zirkuszelt vorbei. Vor drei Tagen sind die Zirkuswagen in die Stadt gefahren und haben angefangen, das Zelt und die Tiergehege aufzubauen. Seitdem schaut Azra jeden Tag, was es dort Neues gibt. So bleibt sie auch heute am Zaun stehen und schaut hinein. Es sieht alles ganz fertig aus.

„Ich habe eine Überraschung für dich, Azra", sagt da Mama. „Heute Abend ist die erste Vorstellung im Zirkus, und wir gehen zusammen hin. Papa hat schon Karten besorgt."

Nun geht Azra der Zirkus nicht mehr aus dem Kopf. Sie darf in den Zirkus, zum ersten Mal überhaupt in ihrem ganzen Leben. Sie ist so gespannt und auch aufgeregt und überglücklich. In der Kita erzählt sie jedem Kind davon, dass sie in den Zirkus darf, und am Nachmittag kann sie es kaum noch zu Hause aushalten.

„Endlich", sagt Mama als sie am Abend das Haus verlassen. „Das war ja heute schlimmer mit dir, als einen Sack Flöhe zu hüten!"

„Hihi! Ein Sack Flöhe." Azra muss kichern, nimmt Mama und Papa bei der Hand, und sie marschieren los zur Zirkusvorstellung.

Als Azra im Zirkuszelt sitzt, bleibt ihr fast die Luft weg, so schwer riecht es nach Sägespänen und nach Tieren und einfach nach allem.

„Das ist die berühmte Zirkusluft", sagt Papa.

Dann geht das Licht aus, und die Vorstellung beginnt. Es treten Artisten auf, die an langen Schaukeln hängen und riesige Pyramiden bilden. Schöne Frauen reiten auf Elefanten, und ein paar Kamele führen einen lustigen Tanz auf. Noch mehr lachen

als darüber muss Azra aber wegen der lustigen Clowns, bei denen irgendwie immer alles schiefgeht. Bei der Schlussparade leuchten Tausende von Sternen an der Decke des Zirkuszeltes. Da hat Azra das Gefühl, ganz weit weg zu schweben. Sie kann kaum wegschauen, so glitzert und funkelt alles. Das ist so wunderschön.

Als alle Besucher nach der Vorstellung aus dem Zelt strömen, schlägt Papa vor, noch die Tiergehege zu besichtigen. Ein Zirkusmitarbeiter steht mit einer Sammelbüchse neben einem Kamel.

„Willst du reiten?", fragt er Azra und klappert mit der Büchse. „Nur vier Euro."

„Ich?"

Azras Augen strahlen. Sie schaut zu Papa.

„Darf ich?"

Der nickt, und schon wird Azra von den starken Armen des Mannes auf das Kamel gehoben. Sie sitzt über den Köpfen von Mama und Papa und klammert sich am Kamelsattel fest, als das Kamel sich schwankend in Bewegung setzt.

„Es schaukelt", jauchzt sie und traut sich dann sogar, eine Hand loszulassen und Mama zuzuwinken. Von hier oben kann Azra den ganzen Zirkusplatz überblicken. Sie fühlt sich so herrlich und wunderbar.

Als sie kurz darauf immer noch freudestrahlend absteigt, fragt Mama: „Und mein Schatz? Bist du glücklich?"

„Ja", antwortet Azra, „superdupermegaglücklich!"

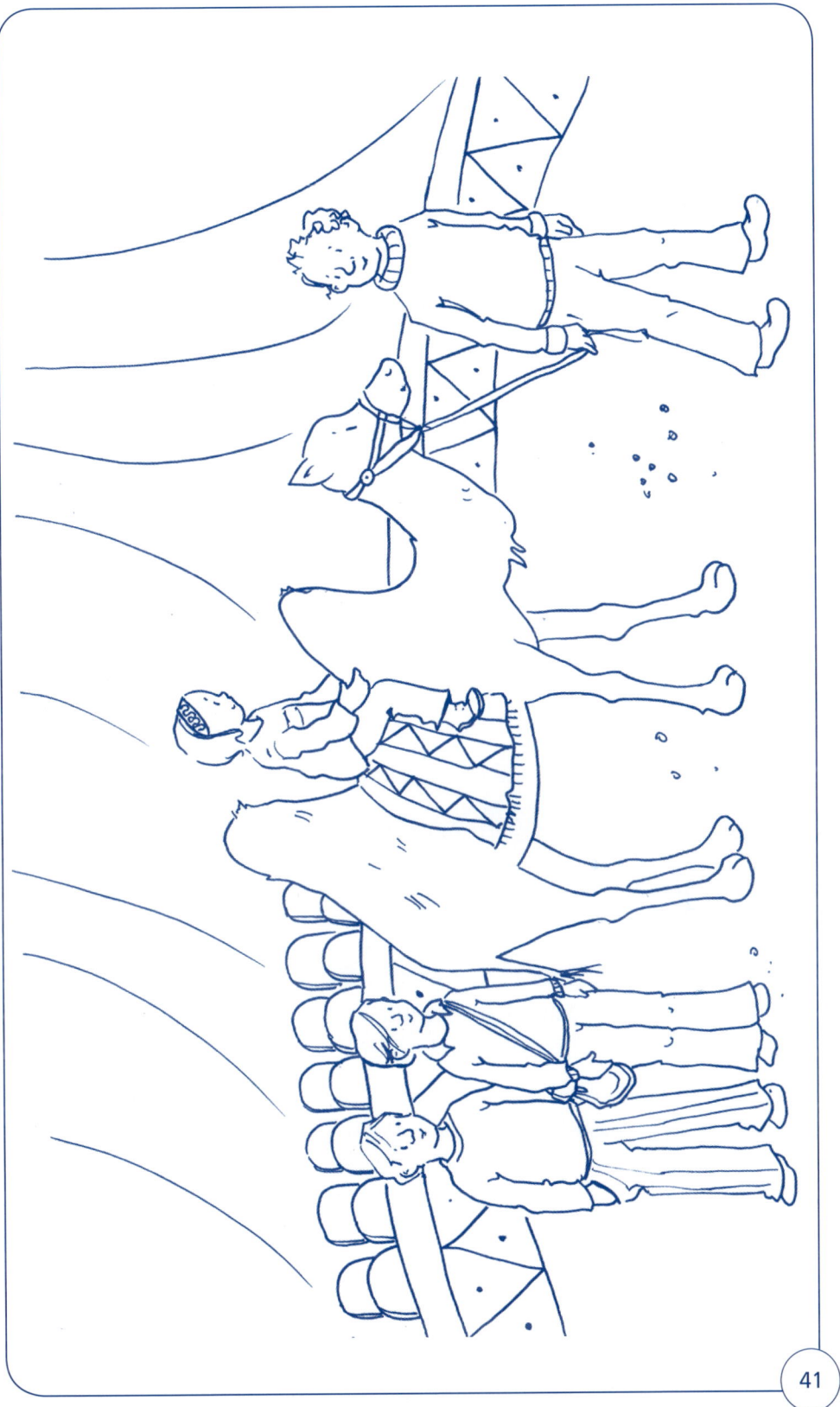

9

Zum Mitmachen, Ausprobieren und Staunen …

 SAG DOCH MAL …

Azra ist in der Geschichte glücklich, aber sie hat auch noch viele andere Gefühle. Weißt du noch, welche das sind? Kannst du noch andere Wörter für ein so tolles Gefühl wie „Glücklichsein" finden?

 SAG DOCH MAL …

Glaubst du, dass Tiere Menschen glücklich machen können? Warum macht eine Katze oder ein Hund einen Menschen glücklich? Denkst du, dass Menschen auch Tiere glücklich machen?

 DAS ZIRKUSSPIEL

Spiele mit ein paar Freunden Zirkus. Denkt euch verschiedene Darbietungen aus, und stellt eine Zirkusvorstellung zusammen. Spielt die Zirkusvorstellung dann den anderen Kindern vor. Ihr könnt euch dazu auch verkleiden. Versucht, die Besucher der Vorführung zum Lachen und zum Applaudieren zu bringen.

Sven steht vor der Haustür und läutet Sturm. Die Kita-Tasche hat er auf den Boden geworfen. Ihm zittern die Knie, und in seinem Bauch fühlt sich alles ganz weich an. Er hat gerade eben riesengroßes Glück gehabt. Auf dem Weg von der Kita nach Hause muss Sven nur eine einzige Straße überqueren. Darum darf er auch alleine laufen. Er ist schließlich schon Vorschüler und kann auf sich aufpassen.

Sonst schaut er auch immer ganz gut, dass kein Auto kommt, wenn er über die Straße geht, aber heute hat er nicht aufgepasst. Er wollte einfach schnell nach Hause, um seiner Mutter von der Kita zu erzählen. Und da ist es passiert.

Der Nachbar, Herr Oberbecker, fuhr mit seinem Auto um die Kurve, und Sven ist im selben Moment auf die Fahrbahn gelaufen. Herr Oberbecker musste eine Vollbremsung machen und hat Sven nur um Haaresbreite verfehlt.

Jetzt geht die Haustür endlich auf, und Sven stürzt seiner Mutter in die Arme. Er beginnt, zu weinen und zu schluchzen, und kann sich gar nicht mehr beruhigen. Seine Mutter muss ihn auf den Arm heben, weil jetzt auch noch seine Knie so wackeln, dass er nicht mehr stehen kann.

„Was ist denn los mit dir?", fragt seine Mutter und streichelt ihm tröstend über den Kopf.

„Ich … ich … ich hatte total Glück", bringt Sven mühsam heraus.

„Du hattest Glück?", fragt seine Mutter ungläubig nach. „Und deswegen musst du so weinen? Ich dachte, wenn man glücklich ist, dann lacht man und freut sich."

„Ich bin auch gar nicht glücklich", schnieft Sven. „Ich hatte nur Glück."

„Ach so", nickt seine Mutter verständnisvoll. „Sind das zwei unterschiedliche Sachen?"

„Ja, klar!"

Jetzt hat Sven sich ein wenig beruhigt und erzählt seiner Mutter die ganze Geschichte. Als er fertig ist, sagt seine Mutter: „Da hast du wirklich großes Glück gehabt. Und jetzt verstehe ich auch, warum du darüber nicht glücklich bist. Außerdem geht es mir genauso. Ich bin auch unglücklich darüber, das dir so etwas passiert ist, und trotzdem froh, dass du so viel Glück gehabt hast."

„Das geht also? Unglücklich und Glück gleichzeitig?"

Sven überlegt: „Und was wäre ohne mein Glück passiert? Wenn ich Pech gehabt hätte, wären wir dann jetzt pechig?"

„Pechig?" Svens Mutter lacht. „Nein. Wir wären und sind nicht pechig, aber du bist heute mein Glückspilz."

Sie kitzelt Sven ein wenig, sodass er kichern muss.

„Und weil du ein Glückspilz bist und deinen Schreck schon ein wenig verdaut hast, kannst du jetzt glücklich darüber sein."

„Okay", lacht Sven und kitzelt seine Mutter zurück. „Aber nur, wenn du auch wieder glücklich bist."

„Dann musst du mir aber versprechen, in Zukunft wieder ganz gut aufzupassen auf dem Heimweg."

„Abgemacht", sagt Sven erleichtert.

10

Zum Mitmachen, Ausprobieren und Staunen …

 SAG DOCH MAL …

Sven ist der Glückspilz des Tages. Kennst du noch andere Wörter, die mit Glück zu tun haben?

 SAG DOCH MAL …

Wenn Sven vom Auto erfasst worden wäre und sich dabei den Arm gebrochen hätte, hätte er dann auch noch Glück gehabt? Gibt es mehr oder weniger Glück?

 DAS GLÜCKSTAGEBUCH

Mach dir ein Glückstagebuch! Schreibe oder male jeden Abend hinein, was für Glücksmomente du den Tag über erlebt hast. Du kannst auch einen Erwachsenen darum bitten, deine Glücksmomente für dich aufzuschreiben, nachdem du sie ihm erzählt hast. Hebe das Glückstagebuch gut auf. Später kannst du es dir immer wieder anschauen und bei jedem Mal noch einmal glücklich über die vielen schönen Glücksmomente sein.

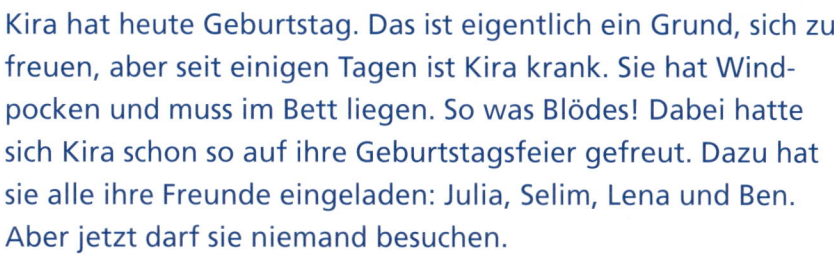

Kira hat heute Geburtstag. Das ist eigentlich ein Grund, sich zu freuen, aber seit einigen Tagen ist Kira krank. Sie hat Windpocken und muss im Bett liegen. So was Blödes! Dabei hatte sich Kira schon so auf ihre Geburtstagsfeier gefreut. Dazu hat sie alle ihre Freunde eingeladen: Julia, Selim, Lena und Ben. Aber jetzt darf sie niemand besuchen.

„Windpocken sind ansteckend", hatte Mama gestern gesagt. „Es tut mir sehr leid, aber deine Party müssen wir absagen."

Kira zieht sich die Bettdecke bis zur Nasenspitze hoch. So kann nicht mal ihr Teddy, der auf dem Nachttisch sitzt, sehen, wie traurig sie ist.

Kira hatte ein lustiges Verkleidungsfest geplant. Dafür hatte sie mit Mama schon vor einigen Tagen eine Kiste mit einem Prinzessinnenkleid, einem Piratentuch und noch vielen anderen Sachen gefüllt. Die steht jetzt in einer Ecke ihres Kinderzimmers, und niemand wird heute daraus ein lustiges Kostüm fischen. Schade!

Kira lauscht. Gerade hat es an der Tür geklingelt. Wer das wohl ist? Ihre Freunde sicher nicht. Vielleicht ist es ja nur der Postbote. Aber dann hört sie Stimmen im Flur. Irgendwie kommen ihr die bekannt vor. Dann stapfen Schritte, und schließlich knarrt es etwas, als Kiras Zimmertür aufgeht.

„Hallo, mein Schatz", flüstert jemand. Kira blinzelt unter ihrer Bettdecke hervor. In der Tür steht Oma. Sie hält ein Päckchen in der Hand. Opa kommt von hinten und schiebt Oma ins Kinderzimmer.

„Liegt hier vielleicht jemand, der heute Geburtstag hat?", fragt er und grinst.

Jetzt schiebt Kira ihre Bettdecke ganz nach unten und nickt.

„Na dann", schmunzelt Oma, und beide fangen an, ein Geburtstagslied zu singen. Das klingt ein bisschen komisch, weil Opa den Text nicht kann und falsche Wörter singt, aber Kira freut sich trotzdem und klatscht begeistert in die Hände. Da fällt ihr etwas ein.

„Ihr könnt nicht reinkommen. Ich hab doch Windpocken", sagt sie und ist gleich wieder ein bisschen traurig.

„Oma und ich hatten doch längst die Windpocken. Da können wir uns nicht mehr anstecken. Keine Sorge", sagt Opa und setzt sich zu Kira aufs Bett.

Oma stellt sich daneben und fasst Kira an die Stirn.

„Ich glaube, du kannst ruhig ein bisschen aufstehen. Fieber hast du keines mehr", stellt sie fest.

Dann reicht sie Kira das Päckchen, das sie noch in der anderen Hand hält. Gespannt packt Kira aus.

„Schminkstifte", staunt sie, als sie eine Plastikbox aus dem Geschenkpapier fischt.

„Wir dachten, du könntest uns einfach auch Windpocken aufmalen. Dann sehen wir alle gleich aus", erklärt Opa.

Jetzt fühlt sich Kira schon richtig gesund. Sie setzt sich auf und öffnet die Schachtel mit den Schminkstiften. Opa hält ihr bereitwillig seine Backe hin. Kira darf sogar seine Glatze bemalen. Gleich hat Opa viel mehr rote Punkte auf dem Kopf als Kira.

Oma und Kira fangen an, zu lachen. Immer wieder müssen sie losprusten, wenn sie Opa ansehen, so lange, bis ihre Bäuche davon wehtun.

„Und ich hole mir jetzt das Prinzessinnenkleid aus der Verkleidungskiste", beschließt Kira, denn schließlich ist sie heute das Geburtstagskind.

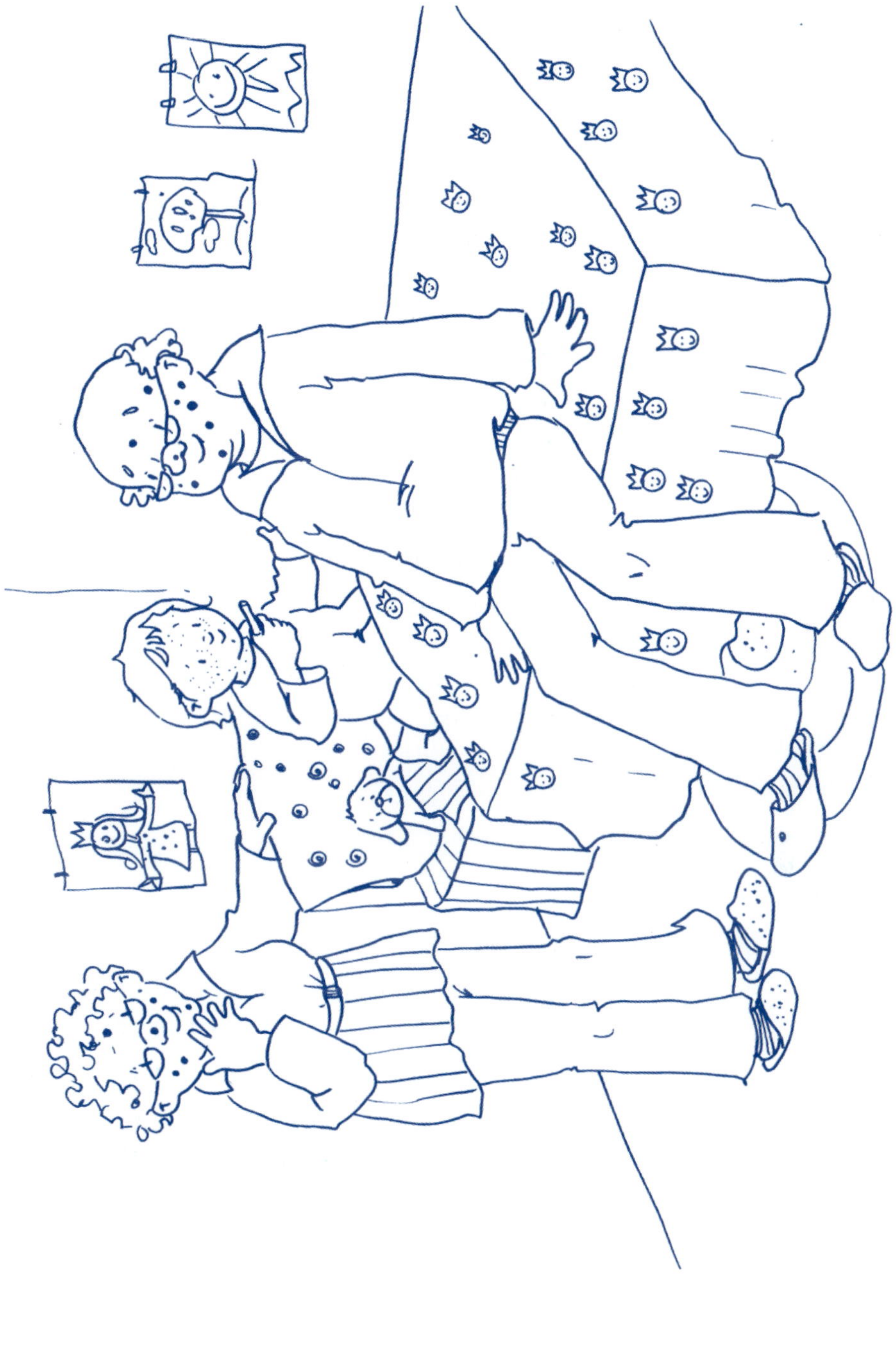

11

Zum Mitmachen, Ausprobieren und Staunen …

 SAG DOCH MAL …

Warum kann Kira ihren Geburtstag nicht feiern? Sie bekommt schließlich doch noch Geburtstagsbesuch. Wer kommt sie besuchen, und warum ist das möglich, obwohl sie krank ist? Worüber lachen Kira, Oma und Opa am Ende gemeinsam?

 SAG DOCH MAL …

Wenn man gemeinsam lachen kann, macht das oft glücklich. Wann hast du heute mit jemandem gemeinsam gelacht?

 DAS GEBURTSTAGS-SCHMINK-SPIEL

Such dir einen Freund, der Lust auf gegenseitiges Schminken hat. Frag einen Erwachsenen nach Schminkstiften. Dann schminkt euch gegenseitig. Ihr könnt euch z. B. lustige Symbole oder Dinge, wie einen Bart, ein Herz oder rote Wangen schminken. Seht euch anschließend im Spiegel an, wie der andere euch angemalt hat.

Tine sitzt ganz eng an ihre Mama gekuschelt auf dem Sofa. Sie schauen sich gemeinsam ein Buch an. Tine muss ihren Hals ganz schön lang machen, um über Mamas dicken Bauch ins Buch schauen zu können. Tines Mama bekommt nämlich bald ein Baby und Tine damit einen kleinen Bruder. Das Buch ist spannend. In ihm wird genau erzählt, wie ein Baby in den Bauch hinein und wieder heraus kommt. Tine hat ganz genau zugehört, damit sie weiß, was bald mit Mama und dem Baby im Bauch passiert.

„Und die Mama und der Papa und die Oma und der Opa, alle sind überglücklich, dass das Baby jetzt auf der Welt ist", liest Mama vor und klappt das Buch zu.

„Halt!", ruft Tine da. Sie will das letzte Bild noch einmal sehen. Da stehen alle Erwachsenen um das Babybett im Krankenhaus herum und machen fröhliche Gesichter.

„Als ich auf die Welt gekommen bin, Mama", fragt Tine, „waren da auch alle überglücklich und haben mich im Krankenhaus besucht?"

„Als du geboren wurdest", beginnt Mama, zu erzählen, „das war etwas ganz Besonderes. Wir haben ja alle schon so lange auf dich gewartet und uns auf dich gefreut. Als du dann auf der Welt warst, sind beide Omas und Opas sofort losgefahren, um dich zu sehen, und sogar deine beiden Tanten waren am ersten Tag schon im Krankenhaus bei dir zu Besuch."

„Echt?" Tine bekommt große Augen. „So viel Besuch für mich? Davon weiß ich aber gar nichts mehr."

„Natürlich nicht", lacht Mama. Du warst ja ein ganz kleines Baby. Daran kannst du dich nicht erinnern."

„Was hab ich denn dann gemacht?"

„Wie meinst du das?", wundert sich Mama über die Frage. „Du hast in deinem Bettchen gelegen und hast geschlafen. Das machen alle Babys am Anfang die meiste Zeit. Und wir haben um dein Bettchen herum gestanden und haben gesagt, was für ein wunderhübsches Baby du bist und wie lieb wir dich haben und dass du unser größtes Glück auf Erden bist."

Tine sieht Mama mit gerunzelter Stirn an.

„Bin ich das immer noch?", fragt sie dann.

„Unser größtes Glück? Natürlich bist du das", sagt Mama und drückt Tine an sich.

„Aber ich mach doch gar nichts Tolles. Und manchmal schimpft ihr sogar mit mir."

„Tine", sagt da Mama und sieht Tine ernst an. „Das eine hat doch mit dem anderen nichts zu tun. Wenn wir mit dir schimpfen, dann finden wir etwas nicht gut, das du getan hast. Aber dich, Tine, finden wir immer gut, und wir lieben dich wie unseren größten Schatz. Verstehst du?"

„Ja", nickt Tine zufrieden. „Und wenn mein Bruder auf die Welt kommt? Haben wir dann wieder ein größtes Glück?"

„Ja", sagt Mama mit Nachdruck, „ganz genau. Stell dir vor, wie viel Glück wir haben: zwei Kinder und zweimal das größte Glück der Welt. Ist das nicht toll?"

Tine nickt und sieht sich nochmal das Bild in dem Bilderbuch an. Dann schaut sie zu ihrer Mama hoch und sagt: „Aber du und Papa und Oma und Opa und mein neuer Bruder, ihr seid auch mein größtes Glück!"

„Das hast du schön gesagt", freut sich Mama und lacht.

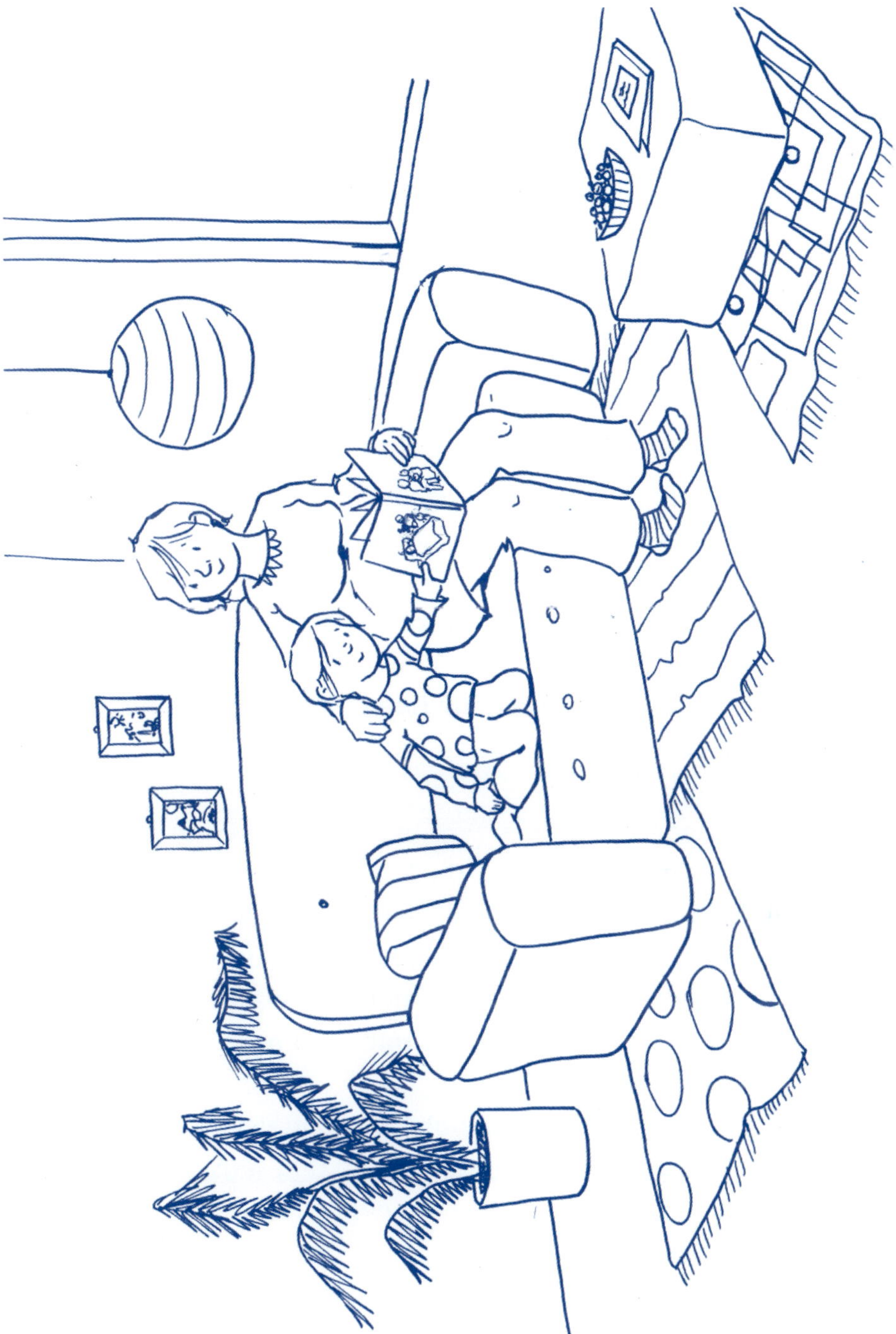

12

Zum Mitmachen, Ausprobieren und Staunen …

 SAG DOCH MAL …

Weißt du, wie es war, als du geboren wurdest? Frage deine Eltern danach, und lass dir über deine ersten Tage auf der Welt alles erzählen.

 SAG DOCH MAL …

Tines Mama sagt, dass Tine und das neue Baby für sie das größte Glück sind. Glaubst du, Glück kann verschieden groß sein? Wenn dir jemand eine Freude macht, ist das Glück dann größer oder kleiner, als wenn du etwas ganz alleine geschafft hast?

 DAS GRÖSSTE GLÜCK

Male ein Bild davon, wie du dir das größte Glück auf der Welt vorstellst. Vielleicht ist es ein großes Eis oder eine Fahrt in einem Rennauto oder deine Familie.

Lisa und Kati spielen miteinander in der Puppenecke. Lisa spielt die Mutter, und Kati spielt den Vater.

„Jetzt fehlt uns noch ein Kind", stellt Lisa fest.

„Ja, genau", stimmt Kati zu. „Wo ist denn Lilo? Sie kann das Kind sein."

Beide Mädchen sehen sich im Gruppenraum der Kita um, aber Lilo ist nirgendwo zu sehen. Sie gehen in den angrenzenden Essraum. Da finden sie Lilo. Sie sitzt zusammengesunken an einem der Esstische. Vor ihr auf dem Tisch liegt ihre ungeöffnete Brotbox. Lilo stützt den Kopf mit beiden Händen ab und starrt auf die Tischplatte. Sie sieht auch nicht auf, als Lisa und Kati direkt vor ihr stehen.

Lisa boxt Kati in die Seite, und Kati boxt Lisa in die Seite, aber keine der beiden traut sich, etwas zu sagen. Lilo sieht so traurig aus. Sie wissen einfach nicht, was sie sagen sollen.

Also stehen sie nur da, so lange, bis Lisa es nicht mehr aushalten kann. Sie nimmt allen Mut zusammen und fragt:

„Bist du traurig?"

Lilo schaut ein klein wenig auf.

„Nein!", sagt sie dann leise.

„Es ist viel schlimmer. Ich bin unglücklich."

Unglücklich! Oh weh! Jetzt weiß Lisa wieder nicht, was sie sagen soll. Da zupft Kati sie am Ärmel und zieht sie daran zurück in den Gruppenraum. Sie müssen sich beraten. Ihre Freundin Lilo ist unglücklich. Was können sie tun? Wie könnten sie helfen? Lisa und Kati flüstern miteinander und haben schließlich eine gute Idee.

Sie gehen zurück in die Puppenecke und wühlen in der Kiste mit den Sachen zum Verkleiden. Kati verkleidet sich als Oma mit einem kleinen Hütchen und einem langen Rock. Lisa setzt

sich Hundeohren auf und legt sich eine Decke über den Rücken. So gehen sie zurück zu Lilo. Hund Lisa betritt als Erste den Essraum und schnüffelt überall herum. Dann kommt Oma Kati ganz aufgeregt herein.

„Mein Hundilein", ruft sie gespielt verzweifelt. „Wo bist du schon wieder, mein Hundilein? Komm sofort her."

Hund Lisa krabbelt unter den Esstisch, und Oma Kati muss ihr mit großem Gejammer folgen. Als Oma Kati unter dem Tisch ist, schnappt Hund Lisa sich das Hütchen der Oma und setzt es sich selbst auf den Kopf.

Oma Kati ist empört und ruft:

„Hundilein, gib mir sofort meinen Hut zurück." Aber Hund Lisa rennt mit dem Hut auf dem Kopf im ganzen Zimmer herum, und Oma Kati jagt hinterher.

Aus den Augenwinkeln sieht Lisa, dass Lilo den Kopf nicht mehr auf ihre Hände stützt, sondern interessiert dem Schauspiel zusieht. Als Oma Kati einmal über ihren Rock stolpert und fast hinfällt, lächelt Lilo sogar. Da geht Hund Lisa zu Lilos Stuhl und hebt am Stuhl das Bein.

„Psssss!", macht Hund Lisa.

„He!", ruft Lilo da, springt vom Stuhl auf und lacht.

„Dein Hund hat mich angepinkelt."

Ab diesem Moment laufen Oma Kati und Lilo Hund Lisa gemeinsam hinterher und versuchen, das Hundilein zu fangen. Das Spiel endet erst, als alle drei Mädchen vor Lachen auf dem Boden liegen und sich die Bäuche halten.

13

Zum Mitmachen, Ausprobieren und Staunen …

 SAG DOCH MAL …

Was haben Lisa und Kati für eine gute Idee, um Lilo aufzuheitern? Hast du schon einmal jemandem geholfen, wieder fröhlich zu werden?

 SAG DOCH MAL …

Hätte Lilo sich selbst wieder fröhlich machen können? Was könntest du tun, um wieder fröhlich zu werden, wenn es dir einmal nicht so gut geht. Sammle Ideen!

 KÖRPERHALTUNG

An Lilos Körperhaltung am Esstisch können ihre Freundinnen erkennen, dass Lilo traurig ist. Versuche einmal, eine traurige Körperhaltung einzunehmen! Wie fühlst du dich dabei? Dann stelle eine fröhliche Körperhaltung nach! Wie geht es dir jetzt?

14

Vincents Opa hat heute Geburtstag.

„Was könnte ich ihm bloß schenken?", überlegt Vincent. Das ist gar nicht so einfach, denn Opa sagt immer: „Ich habe alles, was ich brauche."

Das findet Vincent wirklich komisch. Ihm würden bestimmt tausend Dinge einfallen, die er brauchen könnte, und Opa hat schließlich auch kein ferngesteuertes Auto, kein Taschenmesser mit zehn Funktionen und auch keine Stirnlampe. Aber wenn er das alles nicht will, dann kann Vincent ihm das auch nicht schenken. Außerdem würden solche Geschenke ziemlich viel Geld kosten. Vincent bekommt 50 Cent Taschengeld in der Woche. Da müsste er für ein Geschenk für Opa, so wie Vincent sich das vorstellt, bestimmt hundert Jahre sparen.

Vincent überlegt. Opa mag gerne Filzpantoffeln, aber solche hat er natürlich. Opa mag sich gerne Volksmusiksendungen im Fernsehen angucken. Die findet Vincent wirklich total blöd. Opa mag es gerne, rund um den kleinen See im Park spazieren zu gehen und die Enten zu füttern. Vielleicht könnte Vincent für Opa eine Entenfütter-Maschine erfinden oder Schuhe mit Federn unten dran, damit Opa schneller um den See kommt. Keine der Ideen gefällt Vincent wirklich gut.

„Opa bekommt einfach ein Bild", überlegt er sich und schnappt sich Papier und Stifte. Dann findet er den Einfall aber plötzlich gar nicht mehr so toll, weil er Opa schließlich erst zu Weihnachten und zu Ostern Bilder gemalt hat. Bestimmt findet Opa noch ein Bild ziemlich langweilig.

Vincent fängt an, auf dem Blatt Papier herumzumalen: ein paar Wellen, einen Anker. Da hat er endlich die passende Idee: Er wird Opa ein Papierschiff falten und es richtig bunt bemalen. Schnell macht sich Vincent an die Arbeit. Schiffe falten

kann er nämlich wirklich gut. Als das Papierschiff fertig und bunt ist, betrachtet Vincent es zufrieden. Genau das richtige Geschenk für Opa!

Am Nachmittag fahren Papa, Mama und Vincent zu Opa, um ihm zum Geburtstag zu gratulieren. Vincent überreicht Opa feierlich sein Schiff.

„Das hast du ja toll hinbekommen", freut sich Opa.

„Du kannst es mit zum See nehmen, wenn du spazieren gehst. Dann kannst du es schwimmen lassen", schlägt Vincent vor. Opa nickt begeistert.

„Lass es uns doch gleich nach dem Kaffeetrinken gemeinsam ausprobieren", meint er.

Während Mama und Papa das Geschirr abräumen, machen sich Opa und Vincent auf den Weg in den Park. Opa trägt das Papierschiff in der einen Hand. Die andere Hand hat er auf die Schulter von Vincent gelegt. Am See angekommen, lässt Opa sein neues Schiff sanft ins Wasser gleiten. Staunend betrachten Vincent und Opa, wie es von einer kleinen Welle erfasst wird und zur Mitte des Sees schaukelt.

„Als ich ein kleiner Junge war, habe ich auch Papierschiffe gebaut. Die habe ich dann in dem kleinen Bach hinter der alten Mühle zu Wasser gelassen", erzählt Opa.

Vincent hört seinem Opa aufmerksam zu. Opa erzählt immer weiter von früher und von seinen Kindertagen. Dabei blickt er verträumt über den See und sieht dem Papierschiff beim Fahren zu. Vincent guckt Opa an. Er sieht, wie Opas Augen leuchten. Da ist sich Vincent sicher: Jetzt ist Opa richtig glücklich.

14

Zum Mitmachen, Ausprobieren und Staunen …

 SAG DOCH MAL …

Welche Ideen hat Vincent, was er seinem Opa alles zum Geburtstag schenken könnte? Für was entscheidet er sich schließlich?

 SAG DOCH MAL …

Was hat Vincent seinem Opa noch geschenkt – außer dem Schiff? Kannst du dir das denken?

 SAG DOCH MAL …

Es gibt ein Sprichwort, das heißt: „Geteilte Freude ist doppelte Freude." Weißt du, was das bedeutet? Hast du das auch schon einmal erlebt?

 FREUDE SCHENKEN

Mach jemand anderem eine kleine Freude. Dazu kannst du z.B. ein schönes Bild malen und einen Rahmen dazu basteln. Wenn du dein Bild gemalt hast, nimm dir ein Blatt Tonpapier. Es sollte etwas größer sein, als das Blatt, auf das du dein Bild gemalt hast. Klebe dein Bild auf das Tonpapier, sodass der überstehende Rand überall gleich groß ist. Wenn du möchtest, kannst du den Rand verzieren. Dazu bestreichst du ihn mit Kleber und streust Sand darüber. Wenn der Kleber trocken ist, schüttelst du den überschüssigen Sand ab. Jetzt hat dein Rahmen eine schöne Sandstruktur. Verschenke das Bild an jemanden, dem du eine Freude bereiten möchtest.

Irina darf heute bei ihrer Freundin Julieta übernachten, ganz alleine, ohne Mama und Papa. Irina freut sich.

„Dann spielen wir ganz lange. Und wir essen einen riesigen Berg Eis nach dem Abendessen. Und wenn wir das Licht ausmachen müssen, flüstern wir noch bis Mitternacht", zählt Irina ihre Pläne auf. Das klingt wirklich wunderbar.

Sie packt gleich ihre Tasche. Pulli, Hose, Zahnbürste, Schlafanzug und ihr neues Spiel müssen mit.

„Wie lange hast du denn vor, bei Julieta zu bleiben", lacht Papa, als er die vollgestopfte Tasche sieht.

„Ich hab doch nur das Wichtigste eingepackt", erklärt Irina und trägt ihre Tasche zum Auto. Papa bringt sie ans andere Ende der Stadt. Dort wohnt Julieta nämlich in der Finkenstraße.

Als sie an der Wohnungstür von Julieta klingelt, ist Irina schon ganz aufgeregt. Zum ersten Mal alleine bei einer Freundin zu übernachten, ist schließlich auch eine spannende Sache.

Julietas Mama öffnet die Tür.

„Schön, dass du da bist", begrüßt sie Irina. Papa lächelt und verabschiedet sich. Dann gibt er Irina einen Kuss auf die Nase.

Als Papa sich umdreht und geht, hat Irina plötzlich ein mulmiges Gefühl im Bauch. Ein bisschen vermisst sie Papa schon, aber dann kommt Julieta aus dem Kinderzimmer gerannt und zieht Irina mit sich. Da hat Irina erst mal gar keine Zeit mehr für ihr komisches Gefühl, denn jetzt muss sie natürlich mit Julieta spielen. Zuerst packen die beiden das mitgebrachte Spiel von Irina aus. Erst gewinnt Julieta eine Runde, dann Irina. Nach dem Spiel legen die beiden zusammen Julietas neues Weltall-Puzzle.

„Abendessen ist fertig", ruft Julietas Mama aus der Küche.

Irina und Julieta verschlingen einen riesigen Berg Butterbrote. Das versprochene Eis gibt es natürlich auch noch. Die beiden

Mädchen dürfen nach dem Abendessen noch ein wenig spielen. Dann ist es Zeit, ins Bett zu gehen. Als Irina mit ihrer Zahnbürste im Bad vor Julieta steht, ist das mulmige Gefühl plötzlich wieder da. Irina kann gar nicht richtig Zähne putzen, weil
sie ständig den Kloß in ihrem Hals hinunterschlucken muss.
„Komm, wir kuscheln uns ins Bett und fangen gleich an, zu
flüstern", lacht Julieta. Irina nickt, aber dabei klopft ihr Herz
ganz schnell und laut. Julietas Mama hat eine Matratze für
Irina auf den Boden des Kinderzimmers gelegt. Dort rollt sich
Irina fest zusammen und zieht sich die Decke bis zum Kinn. Ju-
lietas Mama wünscht den beiden eine gute Nacht und knippst
das Licht aus. Jetzt kann Irina ihr Herz noch lauter hören.
„Sag mal ‚Piep'", flüstert Julieta kichernd im Dunkeln, aber
Irina bringt nicht den kleinsten Pieps über ihre Lippen.
„Bist du traurig, oder schläfst du schon?", fragt Julieta leise.
Irina brummt: „Mmmh."
„Magst du vielleicht in mein Bett kommen?", schlägt Julieta
vor. Irina nickt. Das kann Julieta zwar nicht sehen, aber zwei
Sekunden später liegt Irina neben Julieta im Bett.
„Ich erzähl dir jetzt eine Geschichte", flüstert Julieta.
Das ist eine gute Idee. Irina kuschelt sich fest an ihre Freundin,
und da geht das mulmige Gefühl erst ein bisschen und dann
ganz und gar weg. Julieta fängt an, zu erzählen. Ihre Stimme
klingt sanft und zaubert Bilder in Irinas Kopf. Sie kuschelt sich
noch ein bisschen näher an ihre Freundin. Irgendwann fallen
Irina und Julieta die Augen zu, und beide schlafen glücklich
ein.

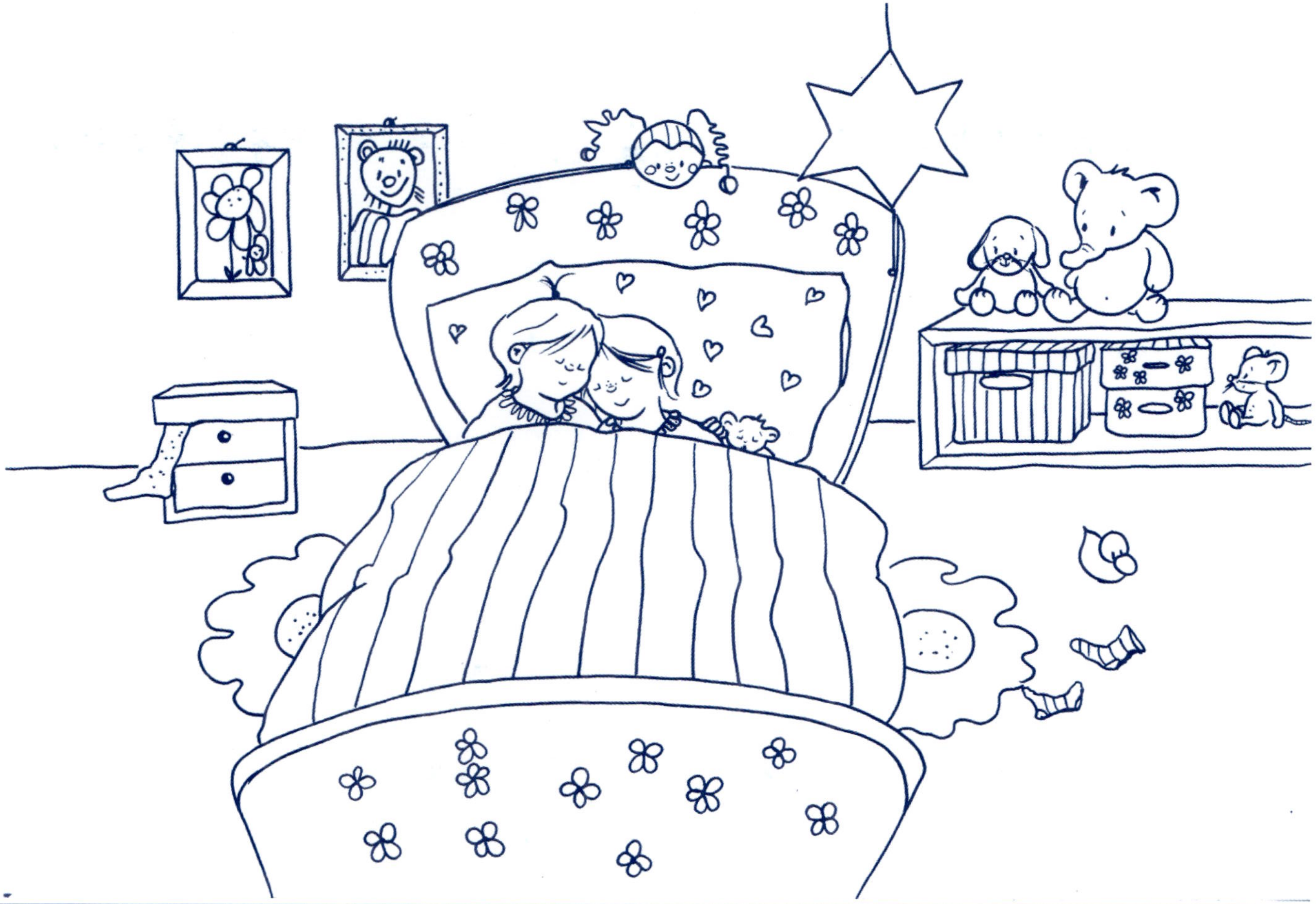

15

Zum Mitmachen, Ausprobieren und Staunen …

 SAG DOCH MAL …

Was packt Irina alles in ihre Tasche, die sie mit zu Julieta nimmt? Was würdest du alles mitnehmen, wenn du bei einem Freund übernachten würdest?

 SAG DOCH MAL …

Irina ist erst glücklich, dann unglücklich und am Ende wieder glücklich. Kann ein Gefühl einfach so wechseln? Kennst du das auch?

 SICH GLÜCKLICH LÄCHELN

Wenn du einmal unglücklich bist, kann dir ein Lächeln helfen, wieder bessere Laune zu bekommen und dich von deinen schlechten Gedanken ablenken. Versuche, deine Mundwinkel nach oben zu ziehen, so wie wenn du lächelst. Erst fühlt sich das Lächeln vielleicht nicht so richtig echt an. Denke dann an etwas Schönes. Ziehe deine Mundwinkel noch ein bisschen höher. Merkst du schon, wie du ein bisschen fröhlicher und glücklicher wirst?

Es klingelt an der Tür. Jannis rennt aus seinem Zimmer und reißt die Wohnungstür auf.

„Hallo, Felix", ruft er und winkt seinen Freund in den Flur. Schon seit dem Mittagessen hat er sich auf seinen Freund gefreut, denn Felix ist Jannis' bester Freund, und wenn Felix zum Spielen kommt, ist es immer besonders lustig. Aber heute sieht Felix irgendwie gar nicht gut gelaunt aus. Er lässt seinen Kopf hängen und trottet langsam hinter Jannis her ins Kinderzimmer. Jannis zieht seine Kiste mit den Magnetbausteinen unter dem Bett hervor. Bestimmt wird Felix gleich lachen, wenn sie damit etwas bauen. Er greift eine Hand voll Bausteine und reicht sie Felix.

„Was machen wir?", fragt er seinen Freund. Doch der setzt sich nur auf den Boden und greift ziemlich lustlos nach den Bausteinen.

„Wie wäre es, wenn wir Tiergehege oder eine Pferdekoppel bauen, mit einem Unterstand und einem Futtertrog für die Pferde?", überlegt Jannis laut und nimmt sich selbst einige Bausteine. Aber Felix sagt kein Wort zu seinem Vorschlag. Jannis runzelt die Stirn. Was ist bloß mit Felix los? Plötzlich sieht Jannis, dass über Felix Wange eine dicke Träne kullert.

„Warum weinst du denn?", fragt Jannis erschrocken.

„Wir können auch was anderes spielen", versucht er, Felix abzulenken. Da fängt Felix an, richtig laut zu schluchzen. Jannis weiß gar nicht, was los ist. Vorsichtig setzt er sich neben seinen Freund und legt ihm einen Arm um die Schultern.

„Alle fahren in den Urlaub, und wir wollten doch auf den Bauernhof fahren, dahin, wo es letztes Jahr so schön war. Das habe ich mir so gewünscht", schnieft Felix.

Ja, das weiß Jannis natürlich, weil Felix es ihm letzte Woche erzählt hatte. Dabei hatte Felix gelacht und sich gefreut.

„Aber jetzt müssen wir im Sommer zu Hause bleiben, weil Papa keine Arbeit mehr hat. Und darum haben wir kein Geld. Und Mama sagt, wir müssen sparen. Aber ich will doch so gerne auch in den Urlaub fahren. Und ich will nicht, dass wir kein Geld haben", erzählt Felix unter Tränen.

Jannis möchte Felix helfen. Aber er hat nur drei Euro in seinem Sparschwein. Die kann er Felix unmöglich geben, weil er die für neue Fußballaufkleber braucht. Außerdem würde das Geld bestimmt nicht dafür reichen, dass Felix mit seinen Eltern in den Urlaub fahren kann. Jannis kratzt sich am Kopf. Dann fällt ihm etwas ein. „Wo würdest du denn am liebsten Urlaub machen?", fragt er. Felix hört auf, zu schluchzen, und sieht seinen Freund an.

„Ich habe dir doch gesagt, dass wir gar nicht wegfahren können", sagt er grummelig.

„Aber wir könnten doch spielen, dass wir beide Urlaub machen. Wo willst du denn gerne hin?", lässt Jannis nicht locker. Felix überlegt. „Nach Afrika. Dort gibt es echte Elefanten und Löwen", fällt Felix ein. „Gut, dann brauchen wir aber ein Flugzeug", sagt Jannis. Er holt eine große, leere Kiste aus der Zimmerecke und stellt sie vor Felix. Die beiden beginnen, aus der Kiste einen Jumbojet zu bauen. Sie schneiden Fenster aus dem Karton aus, kleben Tragflächen an und bemalen die Kiste. Als das Flugzeug fertig ist, setzen sich beide hinein.

„Bitte anschnallen! Wir starten nach Afrika", sagt Jannis mit verstellter Stimme. Er wirft einen Blick hinter sich, wo Felix sitzt. Da sieht Jannis, dass Felix fröhlich lächelt.

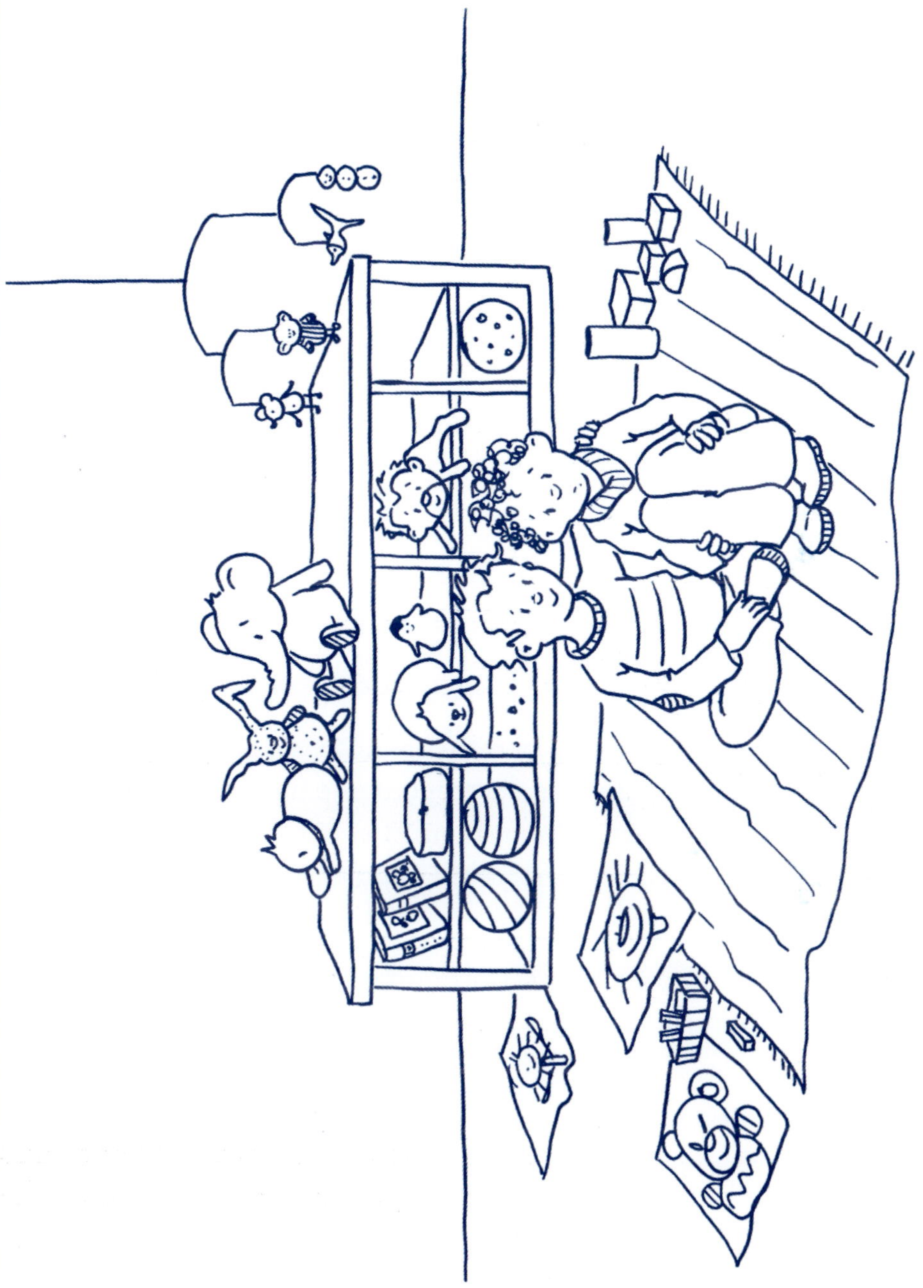

16 Zum Mitmachen, Ausprobieren und Staunen …

 SAG DOCH MAL …

Warum ist Felix traurig? Kannst du dich noch daran erinnern, warum Felix dieses Jahr nicht in den Urlaub fahren kann?

 SAG DOCH MAL …

Denkst du, dass es glücklich machen kann, wenn man sich vorstellt, dass ein Wunsch sich erfüllt? Welche Wünsche hast du?

 DIE FLUGZEUGREISE

Bau dir selbst ein großes Flugzeug, um damit Verreisen zu spielen, so wie Jannis und Felix es in der Geschichte getan haben. Dazu brauchst du einen großen Karton. Eine Umzugskiste eignet sich gut. Gestalte und bemale die Kiste mit Stiften, Kleber und Schere so, wie du dein Flugzeug gerne hättest. Wie soll dein Flugzeug aussehen? Was braucht es alles? Wenn du fertig bist, such dir einen oder mehrere Freunde, und spielt gemeinsam Verreisen.

Emmi steht im Keller in Papas Werkstatt. Heute hat Papa nämlich endlich Zeit, das versprochene Vogelhaus zu bauen. Emmi
und Papa wollen es in den Garten stellen und mit Körnern fül-
len, damit die Vögel dort im Winter Futter bekommen.
„Bestimmt freuen sich die Vögel darüber", denkt Emmi. Sie will
Papa unbedingt helfen.
„Kann ich auch mal sägen?", fragt sie, als Papa den Stecker
seiner Säge in die Steckdose steckt.
„Nein, das ist viel zu gefährlich", murmelt Papa und drückt den
Knopf seiner Säge. Die Maschine rattert los, und Papa zerteilt
damit das Holzbrett, das vor ihm auf der Werkbank liegt. Dann
stellt er die Säge wieder ab. Er schiebt die Holzteile beiseite
und geht zum Bretterstapel in der Ecke der Werkstatt. Dort will
er neue Bretter holen.
„Ich hole die Bretter", sagt Emmi und flitzt an Papa vorbei zum
Stapel.
„Nein, die sind doch viel zu schwer", sagt Papa und schüttelt
den Kopf. Dann nimmt er gleich vier Bretter auf einmal und
trägt sie zur Werkbank.
Aber Emmi will doch helfen. Sie wollten das Vogelhaus schließlich zusammen bauen. Emmi schiebt beleidigt ihre Unterlippe
nach vorne und lässt die Arme hängen.
Papa bemerkt davon kein bisschen. Er ist ganz in die Arbeit
vertieft. Er geht zum Regal und sieht sich um. Dann greift er
nach einer Schachtel mit Nägeln und nach seinem Hammer.
Als Emmi das sieht, zieht sie ihre Lippe wieder ein und fragt:
„Kann ich hämmern?"
Papa schüttelt den Kopf.
„Dafür bist du noch zu klein", sagt er und legt einige Nägel
aus der Schachtel auf die Werkbank.

„Zu gefährlich, zu schwer, zu klein", brummt Emmi. Dann dreht sie sich um und stapft aus der Werkstatt. Sie geht die Treppe nach oben und lässt sich im Wohnzimmer auf die Couch plumpsen. Das gemeinsame Vogelhausbauen hat sie sich wirklich anders vorgestellt. Plötzlich hört sie Papas Stimme, die aus dem Keller ruft: „Emmi, kommst du mal? Ich brauche deine Hilfe."

Nanu? Dabei wollte Papa gerade eben noch gar nicht, dass sie ihm hilft. Wozu er jetzt wohl doch ihre Hilfe braucht? Emmi hüpft neugierig in den Keller. Dort steht Papa und guckt sie ziemlich zerknirscht an.

„Mir sind zwei Schrauben runtergefallen. Jetzt liegen sie zwischen Werkbank und Wand, und ich kann sie nicht mehr hervorholen. Meine Hände sind viel zu groß", sagt er.

„Kannst du bitte versuchen, die Schrauben hervorzuholen?", bittet er Emmi. Da weiß Emmi, dass Papa ihre Hilfe jetzt wirklich braucht. Sie kniet sich auf den Boden und krabbelt unter die Werkbank. Natürlich hat sie ruckzuck die Schrauben geangelt. Sie kommt wieder unter dem Tisch hervor und hält sie Papa hin.

„Vielen Dank", freut der sich.

„Bist du jetzt froh?", fragt Emmi. Papa nickt.

„Ich bin heilfroh, dass du mir geholfen hast. Vielleicht magst du mir doch noch mehr helfen. Wie wäre es mit Hämmern?", schlägt Papa kleinlaut vor. Da will Emmi mal nicht so sein. Sie ist eben doch genau richtig groß, um mitzuhelfen. Da ist Papa doch echt froh und erleichtert.

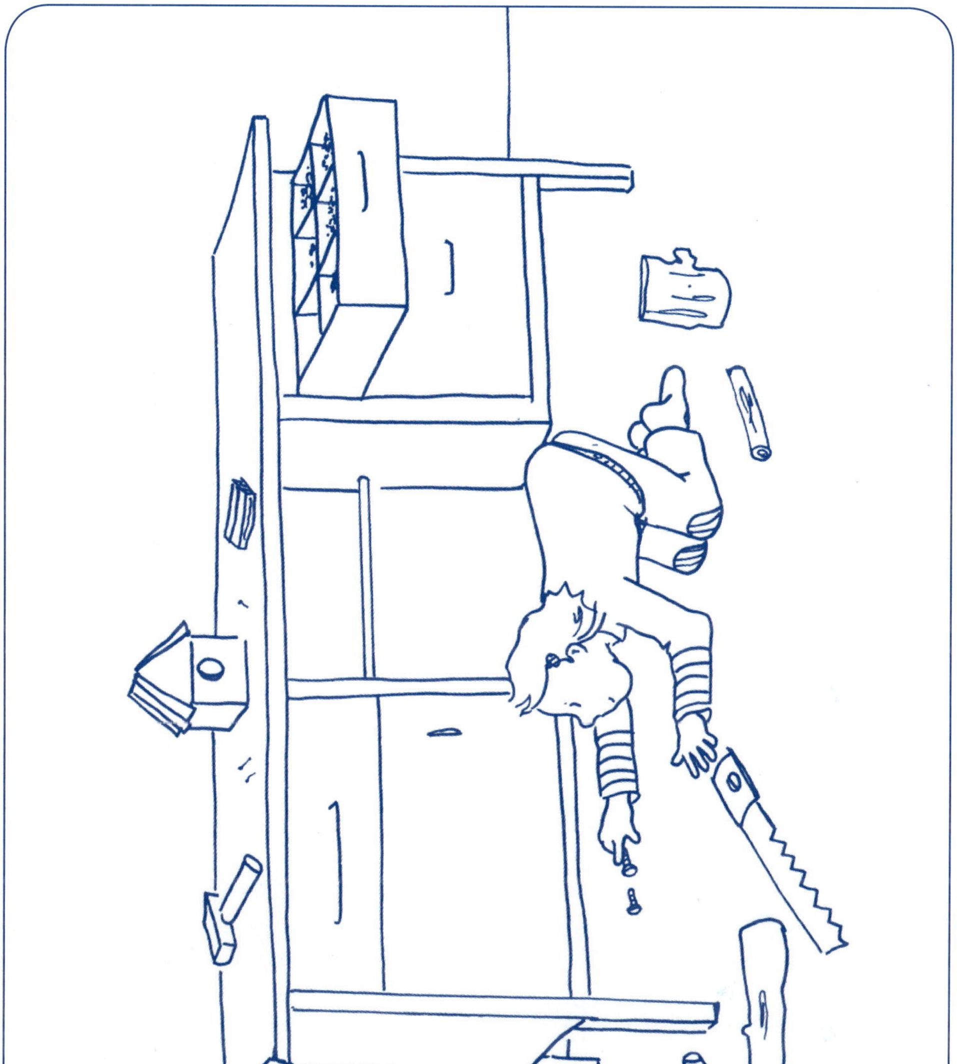

17

Zum Mitmachen, Ausprobieren und Staunen …

 SAG DOCH MAL …

Was wollen Emmi und ihr Papa gemeinsam bauen? Was sagt ihr Papa, als Emmi helfen will?

 SAG DOCH MAL …

Hast du schon einmal jemandem geholfen? Denkst du, dass ein Kind schon groß genug ist, um zu helfen?

 DIE FUTTERKETTE

Auch du kannst Vögeln im Winter dabei helfen, Futter zu finden. Dazu brauchst du nicht unbedingt ein Vogelhäuschen. Du kannst einfach einige ungeschälte Erdnüsse mit Hilfe einer Nadel und eines Fadens zu einer Futterkette zusammenfügen. Dazu fädelst du zuerst einen Faden durch das Nadelöhr und machst am Ende des Fadens einen Knoten. Dann stichst du mit der Nadel in die breite Seite der Nuss. Auf der anderen Seite ziehst du die Nadel mit dem Faden wieder heraus. Dann wird der Faden durch die nächste Nuss geführt. So entsteht eine Nusskette, die du an einen Baum hängen kannst. Später kannst du dann beobachten, wie die Vögel von der Kette Futter holen.

Isabella hat Besuch von Lilli, ihrer Freundin. Sie durfte sogar schon zum Mittagessen kommen, und Mama hat extra eine Riesenportion Pfannkuchen gebacken, weil Isabella und Lilli die so gerne essen. Isabella nimmt sich schon den dritten Pfannkuchen und bestreicht ihn dick mit Marmelade. Lecker!

„Willst du auch noch einen haben?", fragt Mama Lilli. Aber die stochert nur lustlos auf ihrem Teller herum und schüttelt den Kopf.

„Schmeckt es dir nicht?", fragt Isabella erstaunt.

„Doch", antwortet Lilli, aber das hört sich gar nicht nach Lilli an, sondern klingt krächzend und rau.

Später sitzen die beiden Mädchen im Kinderzimmer und hören sich eine Kassette an. Die Geschichten mit dem dicken Elefanten finden sie sonst immer sehr lustig. Dann müssen sie ständig kichern und lachen, aber heute schaut Lilli nur traurig drein.

„Was ist denn mit dir los?", will Isabella wissen. Sie schaltet den Kassettenspieler aus und setzt sich neben Lilli.

„Papa ist weg", murmelt Lilli und sieht dabei sogar noch ein bisschen trauriger aus als vorhin.

„Wie weg? Verschwunden?", fragt Isabella erschrocken.

„Nein, verreist. Für vier Wochen. Wegen der Arbeit", erklärt Lilli mit belegter Stimme.

Vier Wochen sind lang. Da kann Isabella natürlich verstehen, dass Lilli ziemlich unglücklich darüber ist.

„Es dauert bis zu den nächsten Ferien, bis er wiederkommt. Und sogar an meinem Geburtstag ist er nicht da", erzählt Lilli weiter.

Isabella kann sich jetzt gut vorstellen, dass Lilli ihren Papa sehr vermisst.

„Ich lenke dich ab. Dann kannst du mal an etwas anderes denken", schlägt sie deshalb vor. Sie geht zum Regal mit den Bilderbüchern und greift nach ihrem Lieblingsbuch. Dann setzt sie sich wieder neben Lilli und schlägt das Buch auf. Isabella kann zwar noch nicht richtig lesen, aber sie kann zu jedem Bild etwas erzählen. Das macht sie nun für Lilli. Sie erzählt von Regentropfen, die Besuch von der Sonne bekommen, und von dem wunderbaren Regenbogen, der daraus entsteht.

Immer wenn sie umblättert, schielt sie zu Lilli. Die guckt jetzt schon ein bisschen weniger traurig, findet Isabella.

Sie erzählt weiter, nämlich, dass am Ende des Regenbogens das Glück wohnt. Plötzlich steht Lilli auf und geht zum Fenster.

„Schade! Heute scheint die Sonne ohne Regen. Dabei hätte ich das Glück vom Regenbogenende jetzt gerne", sagt Lilli enttäuscht. Da hat Isabella eine Idee.

„Ich mache einen Regenbogen für dich", verspricht sie ihrer Freundin. Sie öffnet ihre Krimskramskiste, die im Regal steht. Wo ist er nur? Isabella wühlt in der Kiste herum. Dann findet sie endlich, wonach sie sucht: den Glasstein mit den geschliffenen Kanten, den sie von Oma geschenkt bekommen hat. Sie geht damit zu Lilli ans Fenster.

„Schau, ein Regenbogen nur für dich", sagt sie, hält den Stein gegen das Sonnenlicht und zeigt an die Wand neben der Tür. Da staunt Lilli nicht schlecht: An Isabellas Kinderzimmerwand ist jetzt ein wunderschöner Regenbogen zu sehen. Da merkt Lilli sofort ein bisschen von dem Glück, den er mitbringt.

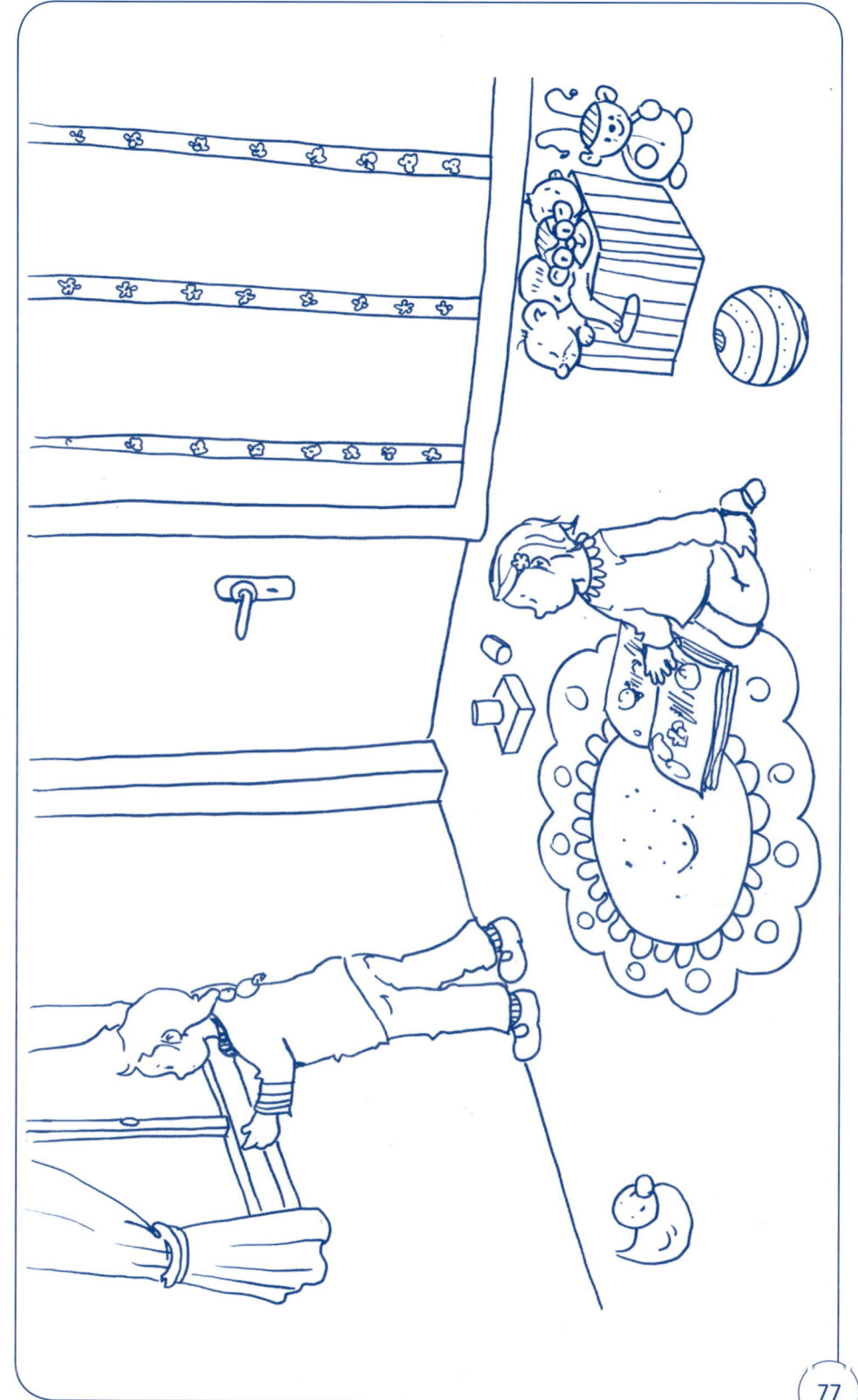

18

Zum Mitmachen, Ausprobieren und Staunen …

 SAG DOCH MAL …

Weißt du noch, was es bei Isabella zum Essen gibt? Warum hat ihre Mutter gerade das gekocht?

 SAG DOCH MAL …

Warum ist Lilli heute gar nicht glücklich? Wie möchte Isabella sie auf andere Gedanken bringen?

 SAG DOCH MAL …

Glaubst du, dass am Ende eines Regenbogens das Glück wohnt? Wie könnte das aussehen?

 DER REGENBOGEN

Weißt du, wie viele Farben ein Regenbogen hat und welche es sind? Beobachte den nächsten Regenbogen, den du siehst, ganz genau, und merke dir die Farbabfolge.

 DAS REGENBOGENBILD

Mach dir einen ganz besonderen Regenbogen, den du in deinem Zimmer aufhängen kannst. Dazu brauchst du Wasserfarben, Pinsel, Wasser und ein Blatt Papier. Mach zuerst das Papier mit einem Pinsel richtig nass. Male dann nach und nach die Farben des Regenbogens auf das nasse Blatt. So verlaufen die Farben besonders schön.

Merlin und Mama sind heute bei Tante Olga zu Besuch, denn Merlins Tante hat sich den Fuß verknackst. Da will Mama nach dem Rechten sehen. Merlin kommt mit, um seine Tante ein bisschen zu unterhalten. Das kann er nämlich gut. Er erzählt ihr einfach ganz viel, zum Beispiel wie sein Tag in der Kita war und dass er gestern eine Schnecke mit riesigem Haus gefunden hat. Bei so viel Unterhaltung heilt Tante Olgas Fuß sicher ganz schnell.

Als Mama und Merlin ankommen, öffnet ihnen die Tante humpelnd die Tür. Zum Gehen braucht sie zwei Krücken.

„Darf ich die auch mal ausprobieren?", will Merlin wissen. Tante Olga nickt. „Aber erst, wenn ich wieder sitze", sagt sie und humpelt ins Esszimmer.

Mama und Merlin haben Kuchen mitgebracht.

„Ich koch mal Kaffee und Kakao für uns. Dann machen wir es uns gemütlich", meint Mama. Sie stellt den Kuchen auf den Tisch und verschwindet in der Küche.

„Hier, aber pass gut auf", meint Tante Olga. Sie hält Merlin ihre Krücken hin. Merlin legt sofort los. Er kann sich auf ihnen abstützen und so mit Riesensprüngen durch das Esszimmer hüpfen. Tante Olga schaut ihm dabei zu. Plötzlich schlägt sich Tante Olga an die Stirn.

„Oh nein, ich hab ja gar keinen Zucker im Haus. Den muss ich erst unten im Laden besorgen."

Merlin bleibt stehen. Er sieht zu Tante Olga. Dann guckt er sich die Krücken in seiner Hand an. Tante Olga kann unmöglich damit die Treppe bis ins Erdgeschoss humpeln. Das sind ja drei Stockwerke. Da hat der Laden neben Tante Olgas Haus vielleicht schon geschlossen, bis sie unten angekommen ist. Außerdem kann man mit verknackstem Fuß unmöglich einkaufen

gehen, findet Merlin. Darum schlägt er vor: „Das kann ich doch machen!"

Sofort flitzt er los.

„Im Flur liegt meine Einkaufstasche. Und auf der Kommode ist ein 2-Euro-Stück", ruft ihm Tante Olga nach.

„Bin gleich wieder da!", ruft Merlin, schnappt sich Tasche und Geld, und schon ist er an der Tür.

Merlin kennt sich aus. Zum Laden in Tante Olgas Straße sind es nur ein paar Schritte. Merlin muss nicht einmal die Straße überqueren, obwohl er das schon babyleicht kann. Im Geschäft findet er auch ziemlich schnell das Regal, auf dem die Packungen mit dem Zucker stehen. An der Kasse legt er das Geldstück von Tante Olga auf den Münzteller. Die drei Geldstücke, die er zurückbekommt stopft er in seine Hosentasche.

Mama öffnet Merlin die Tür, als er im Turbotempo wieder zu Tante Olgas Wohnung zurückgerast kommt.

„Nanu, wo kommst du denn her?", fragt Mama.

„Ich habe gar nicht bemerkt, dass du weg warst."

„Ich musste für Tante Olga einkaufen", erklärt Merlin. „Ging ganz schnell." Er schiebt sich mit der Tüte an Mama vorbei.

„Hier", sagt er stolz, als er die Packung Zucker auf den Esstisch stellt und das Wechselgeld danebenlegt.

„Das hast du gut gemacht", lobt ihn Tante Olga, „und du hast mir damit sehr geholfen."

Tante Olga lächelt zufrieden. Merlin grinst. Bestimmt hat sein Gefallen sogar ein bisschen dabei geholfen, dass Tante Olga schneller wieder gesund wird.

Zum Mitmachen, Ausprobieren und Staunen …

 SAG DOCH MAL …

Hast du schon einmal ganz alleine eingekauft? Was hast du besorgt?

 SAG DOCH MAL …

Kann es jemandem helfen, schneller gesund zu werden, wenn andere sich um ihn kümmern? Wie ist das bei dir, wenn du krank bist? Was hilft dir dabei, gesund zu werden?

 SPIELGELD

Bastle dir selbst Spielgeld. Nimm dazu Münzen, ein Blatt Papier und einen Bleistift. Lege die Münzen unter das Blatt. Reibe dann mit dem Bleistift vorsichtig über die Stellen, unter denen Münzen liegen. So erscheinen die Prägungen der Münzen wie durch Zauberhand auf dem Papier. Schneide die Abdrucke der Münzen nun aus. Mit dem fertigen Spielgeld kannst du jetzt zusammen mit deinen Freunden Einkaufen spielen.

„Schneller, schneller", ruft Pit, als Mama ihm seine Gummistiefel anzieht. Das geht Pit viel zu langsam. Er steht auf und stampft ein paarmal mit dem Fuß auf den Boden. Schon ist der Fuß im Gummistiefel drin.

„Tschüss, Mama", ruft er, und schon klappt die Haustür hinter ihm zu.

Seine Freunde, Erik und Lou, warten nämlich schon im Hof auf ihn. Es hat endlich aufgehört, zu regnen, und jetzt wollen die drei Jungs durch die Pfützen hüpfen.

Erik und Lou haben schon angefangen. Pit hüpft mit. Sie spritzen dabei so stark mit Wasser, dass in kurzer Zeit sogar ihre Jacken nass sind und die Spritzer bis hinauf ins Gesicht reichen. Alle drei lachen. Aber dann ist kein Wasser mehr in der Pfütze. Da hat Lou eine Idee.

„Lasst uns mal rüber zur Wiese gehen", schlägt er vor. Auf der Wiese steht das Wasser knöcheltief. Pit muss aufpassen, dass nichts in seine Gummistiefel hineinschwappt, während er durch den Wiesensee watet. Wie er so das Wasser an seinem Gummistiefelrand beobachtet, sieht er plötzlich, wie sich dort etwas sehr Kleines kringelt. „Was kann das sein?", denkt Pit und beugt sich hinab. Sofort kommen Erik und Lou angestiefelt und machen dabei große Wellen im Wasser. „Vorsicht!", ruft Pit. „Ich hab was gefunden. Ein armer, kleiner Regenwurm ertrinkt hier gleich." „Was?" Erik sieht Lou fragend an. „Ein Regenwurm. Na und? Von denen gibt's hier eine Million." Er winkt ab.

„Genau", ergänzt Lou. „Was soll's! Los, komm lieber mit. Wir gehen da rüber, wo es so glitschig ist." Pit sieht auf. „Nein. Ich muss zuerst den Regenwurm retten. Ich komm dann nach." Er sucht wieder das Wasser ab.

„Pff! So ein Depp. Los, komm!", meint Erik und zieht Lou am Ärmel weg. Da findet Pit den Regenwurm wieder und hebt ihn behutsam aus dem Wasser. „Ich hab ihn", will er gerade rufen, aber da sieht er, dass Erik und Lou ihn nicht mehr hören können, weil sie schon so weit weg sind und ihm den Rücken zudrehen.

Vorsichtig trägt Pit den Regenwurm in das Blumenbeet seiner Mutter und setzt ihn dort ab. Er ringelt sich zuerst ein bisschen hin und her und beginnt dann gleich damit, in der Erde zu stochern. Pit sieht ihm dabei zu und freut sich. Er hat ihm das Leben gerettet. Er ganz alleine.

Doch als er an seine Freunde denkt, wird er wieder ein wenig traurig. Sie sind einfach ohne ihn weggegangen.

Es klingelt an der Haustür und seine große Schwester Madeleine öffnet ihm. „Warum kommst du schon wieder rein?", fragt sie. „Setz dich hin. Ich helf dir, die Stiefel auszuziehen."

Während Madeleine an den Stiefeln zieht, erzählt ihr Pit die ganze Geschichte. Am Ende nimmt sie Pit auf den Schoß und sagt: „Weißt du, was? Für mich bist du heute ein Held."

„Was ist ein Held?", fragt Pit.

„Ein Held ist jemand Mutiges, der anderen was Gutes tut, der andere glücklich macht, so etwas wie ein Retter, sogar ein Lebensretter."

Da denkt Pit wieder daran, wie der Regenwurm sich hin und her gekringelt hat und sagt: „Stimmt, ich bin ein echter Retter. Der Wurm ist jetzt bestimmt froh und glücklich. Und mutig war ich auch."

„Jawoll, das warst du", bestätigt Madeleine und wuschelt Pit durch das Haar.

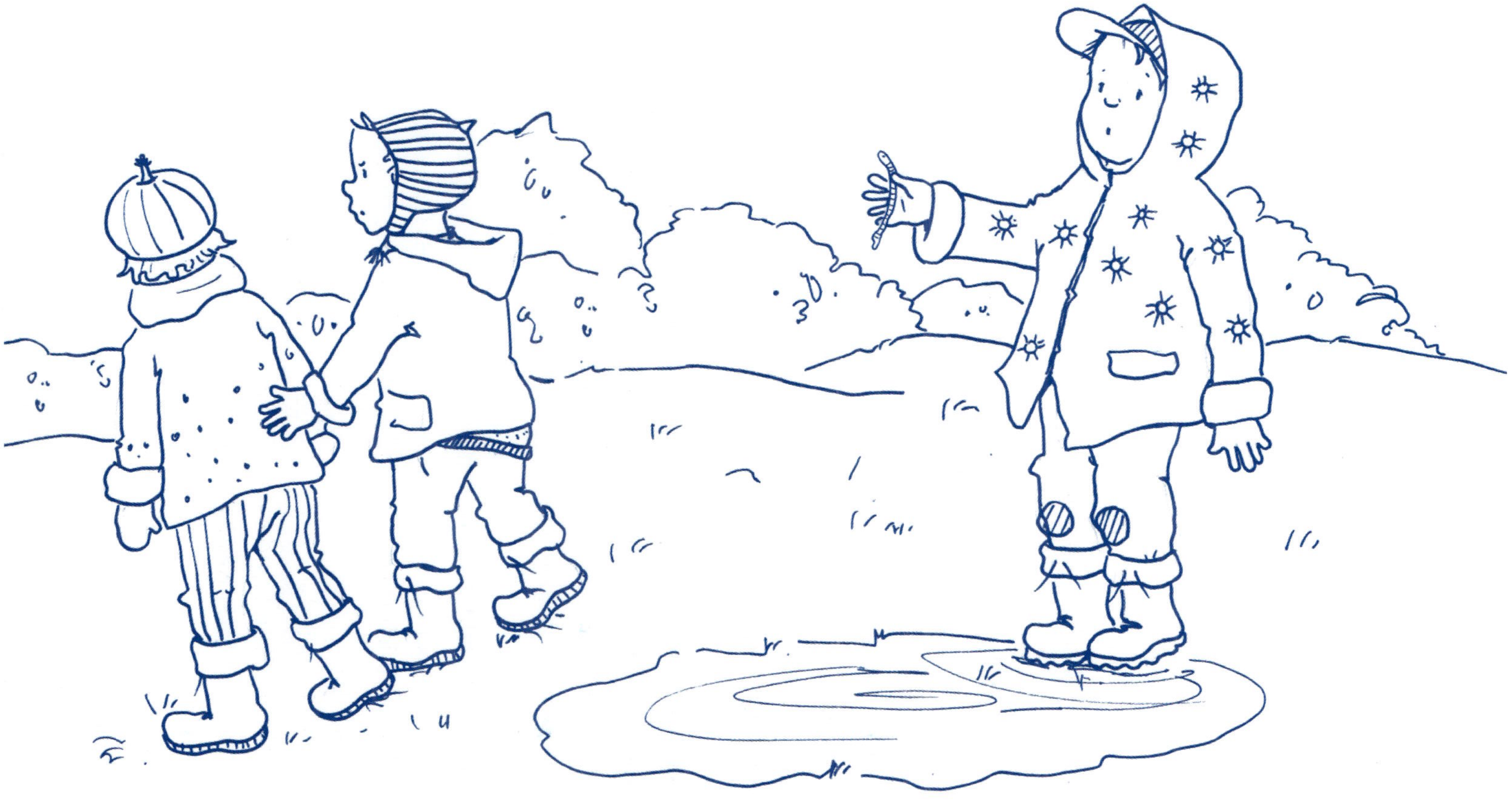

20

Zum Mitmachen, Ausprobieren und Staunen …

 SAG DOCH MAL …

Pit hat den Regenwurm gerettet. Ist er deshalb wirklich ein „Lebensretter", wie seine große Schwester Madeleine sagt?

 SAG DOCH MAL …

Erik findet in der Geschichte, dass Pit dem Regenwurm nicht helfen muss, weil es doch so viele Regenwürmer gibt. Was denkst du darüber? Was denkst du, wie viele Menschen es auf der Welt gibt?

 DER REGENWURMVERGLEICH

Nimm dir eine Schaufel, und grabe ein wenig in der Erde, um einige Regenwürmer zu finden. Schau sie dir genau an! Sehen sie alle gleich aus? Worin unterschieden sie sich?

Die Sonne scheint, und alle Kindergruppen aus der Villa Kunterbunt spielen am Vormittag gemeinsam im Garten. Da freuen sich die Freunde Artur und Malte besonders, denn so können sie miteinander spielen, obwohl sie in verschiedenen Kita-Gruppen sind. Artur geht in die Tigergruppe, und Malte ist bei den Bärenkindern, die den ganzen Tag in der Kita sind.

Die beiden Jungen haben Stöcke gesammelt und versuchen, sie aufzuschichten, um Lagerfeuer zu spielen. So ein Lagerfeuer haben sie in der Kita beim Sommerfest schon einmal gemacht.

„Wir brauchen noch viel mehr Stöcke", meint Artur, als beide auf den kleinen Haufen schauen, den sie bis jetzt gesammelt haben.

„Und außerdem", sagt Malte, „müssen wir die Stöcke irgendwie wie ein Zelt um den Haufen herumstellen, so oben in der Mitte alle zusammen und dann unten auseinander." Malte hält die Stöcke wie ein kleines Zelt über den Holzhaufen und stellt sie vorsichtig ab. Als er loslässt, stehen sie für kurze Zeit und fallen dann um.

„Och!", ruft Artur. „Wir haben voll Pech. Das wird nie was."

„Doch. Ich weiß genau, wie das geht. Wir brauchen mehr Stöcke. Los, suchen wir noch welche!"

Malte springt auf, und Artur läuft hinterher. Sie sammeln und sammeln, bis jeder einen ganzen Arm voll Stöcke hat. Da surrt und brummt auf einmal etwas um Arturs Kopf. Er schüttelt den Kopf hin und her, hat aber die Hände nicht frei, um das Tier zu vertreiben. Trotzdem hört das Brummen plötzlich auf. Artur sieht sich um und bemerkt etwas Kleines, das auf seiner Schulter sitzt. Er erschrickt und läuft schnell zu Anke, der Erzieherin. „Schau mal. Auf mir ist etwas. Was ist das?" Er nickt in Richtung der Schulter, auf der das Tier sitzt.

„Oh!" Anke ist begeistert. „Ich glaube, heute ist dein Glücks-
tag. Das ist nur ein kleiner Marienkäfer. Der bringt Glück."
„Für mich?", fragt Artur. „Und kann der auch nicht beißen?"
„Nein", lacht Anke. „Der beißt nicht. Lass ihn ruhig sitzen.
Später wird er weiterfliegen."
Artur läuft zur Lagerfeuerstelle, wo Malte schon seine Stöcke
abgeladen hat.
„Jetzt klappt es bestimmt", ruft er Malte zu. „Ich habe nämlich
einen Marienkäfer, und der bringt Glück."
Sie bauen ein Zelt aus vielen Stöcken. Es hält sehr gut und sieht
auch wirklich wie das echte große Lagerfeuer vom Sommerfest
aus. Eine ganze Weile bauen die beiden noch daran. Dann ruft
Anke: „Artur! Deine Mutter ist da. Du wirst abgeholt."
„Tschüss, Malte!", ruft Artur fröhlich, springt auf und will
gleich loslaufen, aber da sieht er, wie Malte allein vor dem La-
gerfeuer sitzt und sehr traurig aussieht. Artur bleibt stehen.
„Tschüss! Meine Mama kommt erst heute Abend", sagt Malte.
Artur wirft einen Blick auf seine Schulter und hat eine Idee.
Vorsichtig stupst er den Marienkäfer an, sodass er auf seine
Hand krabbelt. Dann kniet er sich vor Malte hin und setzt den
Käfer auf Maltes Schulter.
„Ich schenk dir mein Glück", sagt Artur. Vielleicht kommt deine
Mama dann heute früher."

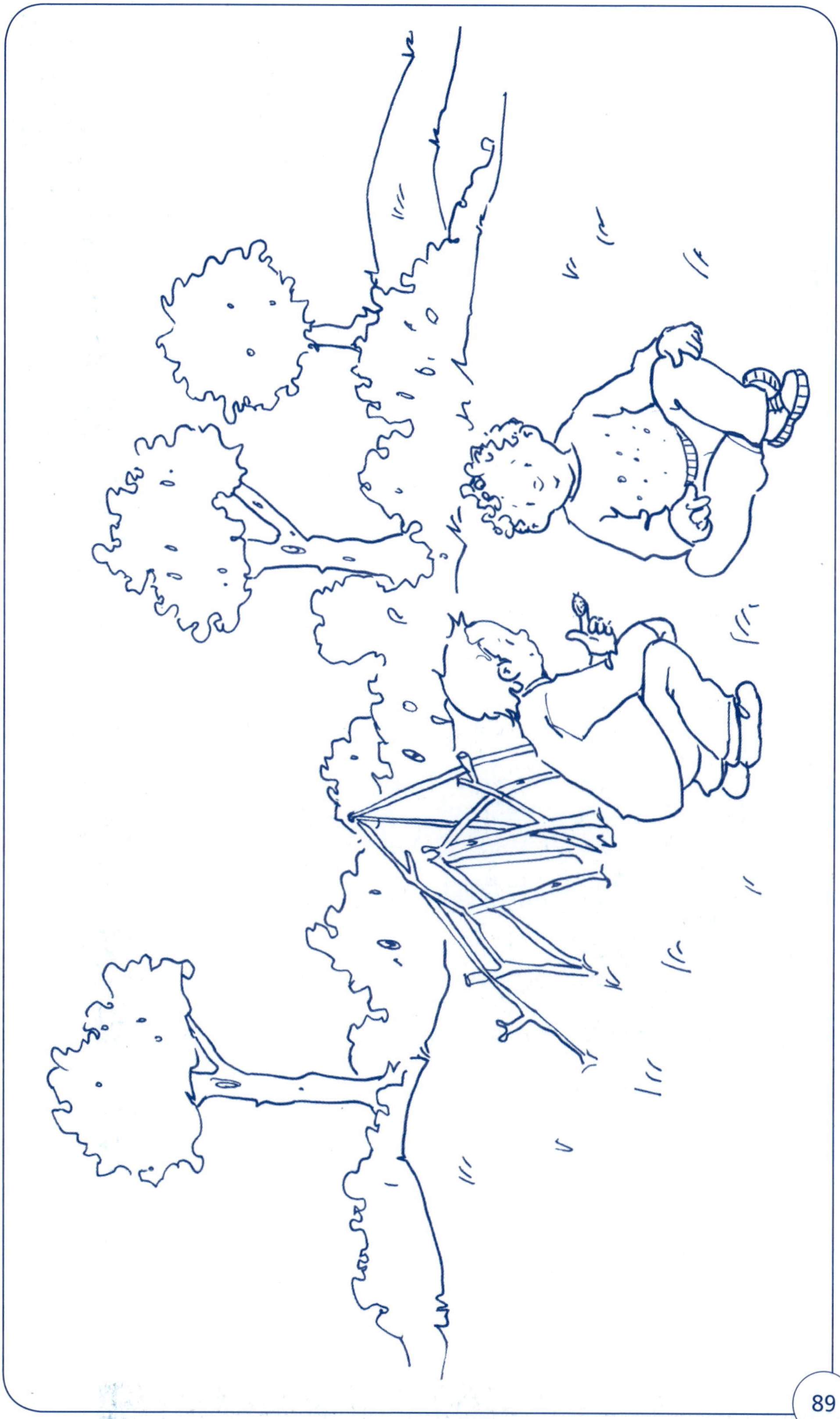

21

Zum Mitmachen, Ausprobieren und Staunen …

 SAG DOCH MAL …

In der Geschichte bringt der Marienkäfer Glück. Kennst du noch andere Dinge, die Glück bringen können? Hat dir schon einmal etwas Glück gebracht?

 SAG DOCH MAL …

Artur hat sein Glück weiterverschenkt. Denkst du, dass das möglich ist? Kann man Glück schenken?

 MARIENKÄFER

Hast du schon einmal die Punkte auf einem Marienkäfer gezählt? Haben alle Marienkäfer gleich viele Punkte? Achte beim nächsten Mal, wenn du einen Marienkäfer siehst, darauf, und zähle die Punkte.

 DAS LAGERFEUERSPIEL

Suche dir viele Stöcke für ein Lagerfeuerspiel. Versuche, die Stöcke wie ein Zelt anzuordnen, sodass sie stehen wie bei einem echten Lagerfeuer. Wenn du mit dem Aufbauen fertig bist, kannst du dich mit Freunden um das Lagerfeuer aus Stöcken herum setzen. Ihr könnt dann Cowboy und Indianer oder Sommerfest spielen.

Es ist Morgenkreis in der Regenbogengruppe. Alle Kita-Kinder stehen im Kreis und singen mit ihrer Erzieherin Elke das Lied: „Wenn du glücklich bist, dann klatsche in die Hand."
Doch als die erste Strophe vorüber ist, stoppt Elke das Lied.
Sie sieht Layla an, die ihr gegenübersteht.
„Layla? Du singst doch sonst so gerne. Magst du heute nicht einmal mitklatschen?"
„Nein!", antwortet Layla.
„Warum denn nicht?"
„Ich bin halt eben nicht glücklich. Dann kann ich auch nicht klatschen."
„Ach so." Elke nickt verständnisvoll.
„Ich bin auch nicht glücklich", ruft da Nelli. „Mir ist langweilig, weil wir das Lied dauernd singen."
Jetzt bedeutet Elke den Kindern mit der Hand, sich hinzusetzen.
„Okay. Ich höre, dass viele Kinder im Moment gar nicht glücklich sind. Dann können wir natürlich das Lied so nicht singen. Layla, möchtest du uns erzählen, wie es dir gerade geht?"
Layla überlegt. „Ich wollte eigentlich neben Marie stehen, aber sie hat mich nicht gelassen."
„Dann bist du also traurig oder vielleicht wütend?", fragt Elke.
„Ich bin wütend", sagt Layla.
Da hebt Ivan die Hand, weil er auch etwas sagen will.
Als Elke ihm zunickt, sagt er:
„Ich bin aber traurig, weil meine Mama vorhin mit mir geschimpft hat."
„Gut, dass ihr mir das gesagt habt", meint Elke. „Ihr müsst nicht immer fröhlich oder glücklich sein. Wenn ihr mal traurig seid oder wütend, ist das auch völlig in Ordnung."

Sie steht wieder auf, und alle Kinder mit ihr.

„Dann wollen wir jetzt das Lied so singen, dass es heute Morgen zu uns allen passt. Wir singen also in der ersten Strophe „wenn du glücklich bist". Dann singen wir „wenn du traurig bist" und danach in der dritten Strophe „wenn du wütend bist" und dann auch noch „wenn du gelangweilt bist". So kann jeder von euch in der Strophe mitklatschen, die am besten zu ihm passt. Ist das gut so?"

Alle Kinder sind einverstanden und nicken.

Sie singen das Lied gemeinsam mit allen vier Strophen.

Danach sagt Elke: „Und jetzt können wir uns überlegen, was wir tun oder spielen könnten, damit die Kinder, die wütend oder traurig sind, sich besser fühlen. Wollen wir?"

Da ruft Nelli: „Bei mir ist es schon besser. Mir ist gar nicht mehr langweilig. Das Lied hat so viel mehr Spaß gemacht."

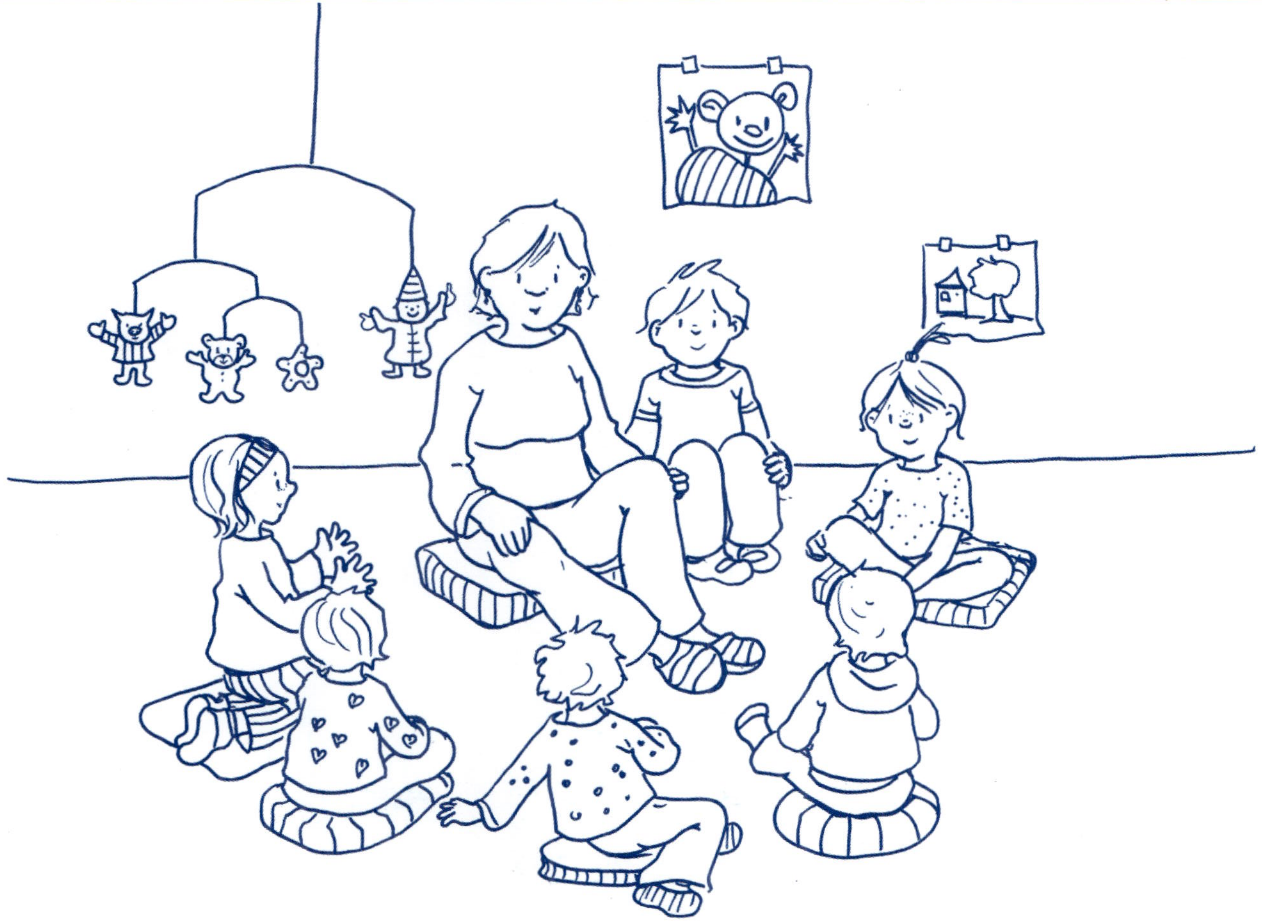

22

Zum Mitmachen, Ausprobieren und Staunen …

 SAG DOCH MAL …

Die Kinder in der Geschichte fühlen sich unterschiedlich.
Welche Gefühle kennst du von dir?

 SAG DOCH MAL …

Darf man immer sagen, wie man sich fühlt? Was denkst du?

 SAG DOCH MAL …

Hast du eine Idee, wie die Geschichte weitergehen könnte?
Was könnten die Kinder spielen oder tun, um sich besser zu
fühlen?

 DAS GEFÜHLSLIED

Singe gemeinsam mit Freunden das Lied „Wenn du glücklich
bist, dann klatsche in die Hand." Erfindet neue Strophen mit
allen Gefühlen, die euch einfallen, und schaut, wer bei welcher
Strophe klatscht. Wer hat sich merken können, wie sich die einzelnen Kinder fühlen?

Paul sitzt am Pausenbrottisch und holt lustlos seine Brotdose aus dem Rucksack. Bestimmt hat seine Mama ihm wieder ein hartes Brot mit Rinde und Käse darauf eingepackt. Das bekommt Paul fast jeden Tag mit in die Kita, obwohl er schon so oft gesagt hat, dass ihm das überhaupt kein bisschen mehr schmeckt. Er macht den Deckel erst mal ein ganz klein wenig auf und späht hinein.

Aber was ist das denn? Ganz vorne in der Dose liegt etwas Buntes! Paul reißt die Dose mit einem Ruck auf und hüpft vor Freude auf seinem Stuhl in die Höhe. Seine Mama hat ihm einen Trinkjogurt und ein Wurstbrötchen eingepackt. Neben dem Wurstbrötchen liegen sogar einige Gurkenscheiben in der Dose. Paul ist überglücklich. So ein toller Tag! Er schnappt sich als Erstes den Trinkjogurt mit Erdbeergeschmack und probiert. Lecker! Dann beißt er einen großen Bissen – wie ein Haifisch sagt seine Mama immer – von seinem Brötchen ab. Es schmeckt herrlich.

Da kommt Robin an den Tisch. Robin ist Pauls Freund. Er setzt sich und packt ebenfalls seine Dose aus. Paul schaut ihm vergnügt dabei zu und fragt ihn fröhlich, was er heute dabei hat, aber Robin will nicht reden. Er starrt enttäuscht in seine Dose und murmelt: „Och, schon wieder das Gleiche."

Paul kann Robin verstehen. Ihm ist es gestern auch so gegangen, aber nicht heute. Heute hat er das beste Essen der Welt dabei.

Paul sieht, wie Robin auf seinen Teller schielt. Da hält er den Arm schnell so vor den Teller, dass Robin ihn nicht mehr sehen kann. Anschauen kann er Robin jetzt auch nicht mehr und auch nicht mit ihm sprechen.

Robin schiebt sein Brot gelangweilt auf dem Teller hin und her.
Dann schielt er wieder zu Paul. Danach trinkt er ein wenig Saft
und sitzt dann wieder einfach stumm vor seinem Teller.
Das alles kann Paul ganz genau aus dem Augenwinkel beobachten.
Da merkt Paul plötzlich, dass ihm sein Brötchen gar nicht mehr
so gut schmeckt. Es fühlt sich komisch im Mund an, und er hat
auch keine richtige Lust mehr auf die Gurken. Schließlich fasst
er einen Entschluss. Langsam schiebt er mit dem Ellenbogen
den Trinkjogurt zu Robin hinüber.
„Willst du mal?", fragt er.
Robin lächelt und nickt und nimmt einen großen Schluck aus
der Flasche.
„Ah! Schmeckt super!", sagt er dann. Da lächelt Paul zurück
und legt Robin ein paar seiner Gurkenscheiben auf den Teller.
„Danke!", sagt Robin glücklich und beißt hinein. „Wollen wir
nach dem Essen wieder in die Bauecke?", fragt er.
„Ja, klar", sagt Paul. „Hier, dann geht's schneller."
Paul teilt sein Wurstbrötchen in zwei Hälften und gibt Robin
eine davon.
Beide Jungen beißen herzhaft in das Brötchen, kauen und
schlucken und lachen und reden. Paul schmeckt es nun noch
tausendmal besser als vorhin, als er noch alleine gegessen hat.

Zum Mitmachen, Ausprobieren und Staunen …

 SAG DOCH MAL …

Weißt du, warum Paul, als Robin auf seinen Teller schielt, nicht mehr mit ihm reden und ihn nicht mehr anschauen kann? Warum schmeckt Paul sein Brötchen nicht mehr, bevor er Robin etwas von seinem Essen abgibt?

 SAG DOCH MAL …

Denkst du, dass man selbst glücklich werden kann, wenn man andere glücklich macht?

 DAS TEILSPIEL

Dinge zu teilen und dabei andere glücklich zu machen, kann Spaß machen. Setze dich mit ein paar Freunden zusammen in einen Kreis. Jeder Einzelne von euch überlegt, was er mit den anderen teilen kann, was sie glücklich oder ihnen Spaß machen könnte. Dabei ist es egal, ob ihr Süßigkeiten miteinander teilt, euch gegenseitig von schönen Erlebnissen berichtet oder einen lustigen Witz erzählt.

Valentin ist so aufgeregt. Er steht in der Umkleidekabine und zappelt vor lauter Vorfreude so, dass seine Mutter ihn andauern ermahnen muss.

„Jetzt halt doch mal still! So kann ich dich nicht anziehen."

Valentin darf heute zum ersten Mal bei einem Eishockeyspiel mit seiner Mannschaft mitspielen, und seine Mutter versucht, ihm die Schutzkleidung anzuziehen.

Das ganze Eisstadion ist voller Zuschauer. Das hat Valentin vorhin beim Ankommen gesehen. Die wollen ihm alle zuschauen. Oh Mann! Das wäre so toll, wenn er ein Tor schießen könnte. Das ist Valentins größter Wunsch. Heute Nacht hat er sogar davon geträumt.

Da ruft der Trainer die Jungen. Es geht los. Seine Mutter wünscht ihm: „Toi, toi, toi."

Kurz darauf läuft Valentin mit seiner Mannschaft in das Stadion ein. Alle Leute auf den Bänken klatschen und johlen. Es ist ein unglaubliches Gefühl. Valentin entdeckt seine Mutter und seinen Vater, die ihm zujubeln, aber er hat keine Zeit zum Winken, denn das Spiel beginnt sofort.

Die gegnerische Mannschaft spielt sehr gut, und Valentin kann kaum beim Tempo des Spiels mithalten. Er rast und schlittert von einer Torseite zur anderen und kommt trotzdem selten an den Puck. Einmal rutscht Valentin auf dem Eis einem Gegner sogar genau vor die Schlittschuhe. Zum Glück kann der gerade noch bremsen. Valentin steht auf und klopft sich kurz ab. Alles ist in Ordnung. Er dreht sich um, um seiner Mannschaft hinterherzufahren. Da schießt plötzlich der Puck an ihm vorbei in Richtung gegnerisches Tor. Valentin reagiert blitzschnell. Er saust los und erwischt den Puck. Er nimmt das Tor ins Visier. Er könnte es gut schaffen. Vor ihm ist alles frei. Doch da sieht er

Ahmed. Ahmed steht noch näher am Tor als Valentin. Kein Spieler der anderen Mannschaft versperrt ihm den Weg zum Tor, und der Torwart achtet im Moment nur auf Valentin. Ahmed kann den besseren Treffer erzielen, beschließt Valentin und gibt im letzten Moment den Puck nach rechts an Ahmed ab. Der Torwart sieht ihn verdutzt an, und im selben Moment schießt Ahmed das 1:0.

Die Spieler stürmen zu Ahmed und begraben ihn vor Freude unter sich. Die Zuschauer toben und klatschen.

Bis zum Ende des Spiels bleibt der Punktestand erhalten, sodass Valentins Mannschaft das Spiel gewinnt.

Nach dem Spiel gehen alle Spieler und die Eltern gemeinsam zur Siegerehrung. Die ganze Mannschaft steht auf einem Podest, und Ahmed darf als Torschütze den Pokal halten. Valentin sieht zu Ahmed hinüber und spürt einen Stich in der Seite. Wenn er geschossen hätte, wäre es sicher auch ein Tor geworden. Dann dürfte er jetzt den Pokal halten. Er spürt Tränen in sich hochsteigen.

Da nimmt der Trainer plötzlich das Mikrofon und sagt:

„Jetzt habe ich die Ehre, noch einen großen Spieler des heutigen Tages auszuzeichnen, einen Spieler, der verstanden hat, was Teamgeist bedeutet, und der uneigennützig die fabelhafte Vorlage für Ahmeds Treffer geliefert hat. Valentin, komm bitte zu mir!" Valentin begreift zunächst gar nicht, was los ist, aber dann sieht er, wie seine Eltern voller Stolz aufstehen und applaudieren. Valentin geht zum Trainer. Der hebt ihn auf seine Schultern und hüpft mit ihm auf und ab. Alle Leute klatschen, und Valentin ist überglücklich. Er schaut zu Ahmed hinüber. Der nickt und winkt ihm zu. Da lacht und winkt Valentin zurück.

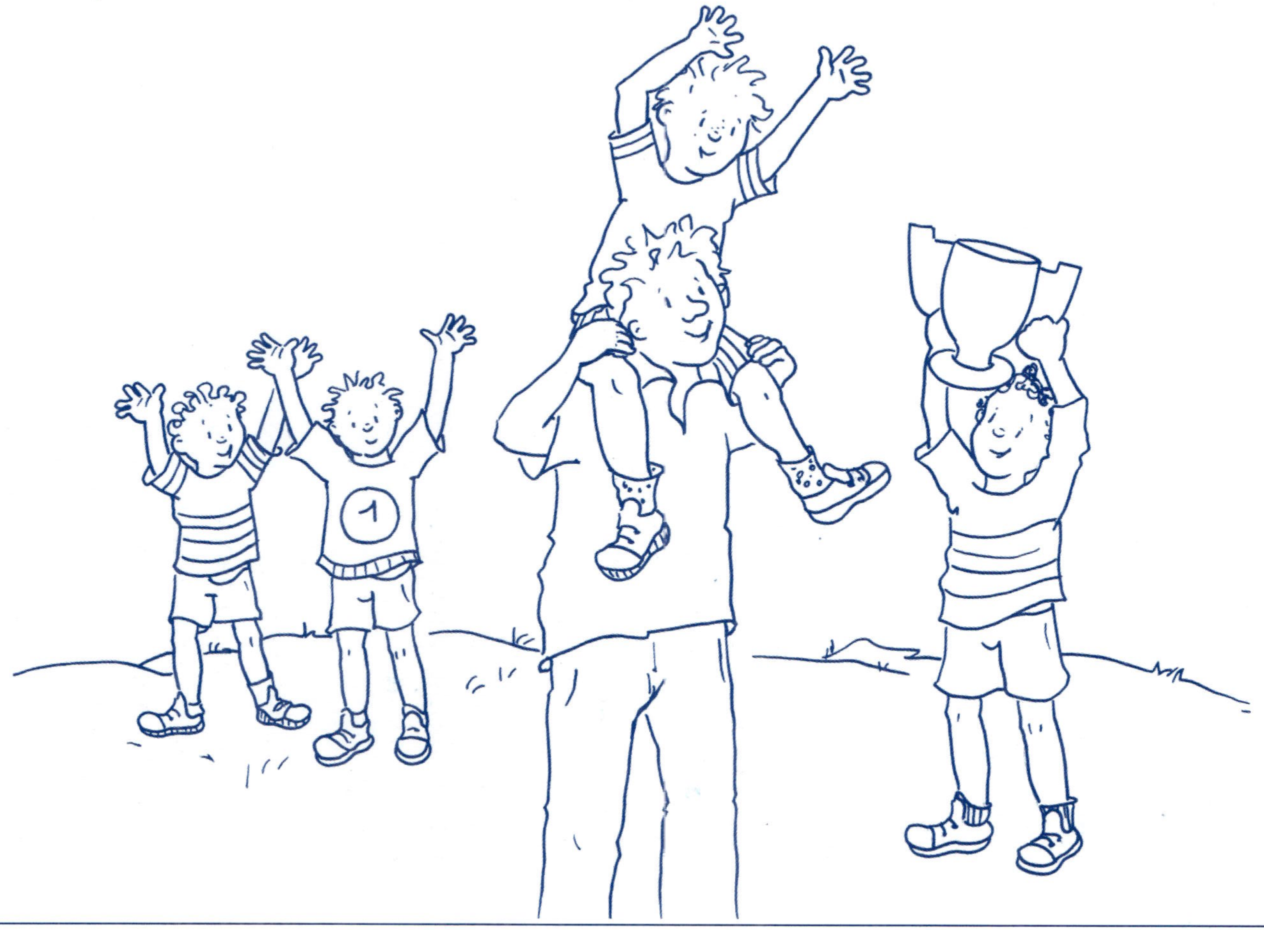

24

Zum Mitmachen, Ausprobieren und Staunen …

 SAG DOCH MAL …

Kennst du noch andere Mannschaftssportarten? Weißt du, warum es bei Mannschaftssportarten so wichtig ist, Teamgeist zu haben und nicht nur für sich alleine zu spielen und zu seinem eigenen Vorteil zu entscheiden?

 SAG DOCH MAL …

Was denkst du? Wären Pauls Eltern trotzdem auf Paul stolz gewesen, auch wenn der Trainer ihn nicht gelobt hätte?

 ZIMMERHOCKEY

Spiele mit ein paar Freunden Zimmerhockey. Als Puck könnt ihr z. B. ein zusammengeknülltes Papiertaschentuch benutzen. Als Schläger benutzt ihr Fliegenklatschen. Bestimmt zwei Punkte im Zimmer als Tore, und versucht, den „Puck" ins gegnerische Tor zu schießen. Achtet dabei darauf, dass ihr im Zimmer nicht versehentlich etwas kaputt macht.

LITERATUR

Bartoli y Eckert, Petra; Tsalos-Fürter, Ellen:
Zusammenhalten in der Kita!
Starke Spiele, die Vertrauen und Gemeinschaft fördern.
3–6 J., Verlag an der Ruhr, 2012.
ISBN 978-3-8346-0931-1

Bartoli y Eckert, Petra; Tsalos-Fürter, Ellen:
Geschichten vom Wütend-Sein.
5-Minuten-Mitmach-Geschichten für Kita-Kinder.
3–6 J., Verlag an der Ruhr, 2011.
ISBN 978-3-8346-0824-6

Bartoli y Eckert, Petra; Tsalos-Fürter, Ellen:
50 Einschlafgeschichten für aufgeweckte Kita-Kinder.
0–6 J., Verlag an der Ruhr, 2011.
ISBN 978-3-8346-0845-1

Behrens, Antje:
Wir zischeln wie die Schlange!
Mitmachgeschichten zur Sprech- und Stimmbildung.
3–6 J., Verlag an der Ruhr, 2010.
ISBN 978-3-8346-0723-2

LINKS*

http://elkeskindergeschichten.blog.de
Zum Thema „Glücksgeschichten" finden Sie auf diesem Blog verschiedene
Vorlese-Angebote für Kinder ab 3 Jahre.

http://www.kitakram.de/Projekt-Glueck-im-Kindergarten
Hier finden Sie Projektideen und Literaturtipps zum Thema „Glück".

** Die in diesem Werk angegebenen Internetadressen haben
wir geprüft (Stand Oktober 2012). Da sich Internetadressen
und deren Inhalte schnell verändern können, ist nicht auszu-
schließen, dass unter einer Adresse inzwischen ein ganz ande-
rer Inhalt angeboten wird. Wir können daher für die angegebenen Internetseiten keine Verantwortung übernehmen.*

Verlag
an der Ruhr

Postfach 10 22 51
45422 Mülheim an der Ruhr

Telefon 030/89 785 235
Fax 030/89 785 578

bestellungen@cornelsen-schulverlage.de
www.verlagruhr.de

Es gelten die Preise auf unserer Internetseite.

■ Geschichten vom Dazugehören
5-Minuten-Mitmach-Geschichten für Kita-Kinder
Petra Bartoli y Eckert, Ellen Tsalos-Fürter
3–6 J., 104 S., 16 x 23 cm, Paperback
ISBN 978-3-8346-0923-6

**■ Geschichten vom
Wütend-Sein**
5-Minuten-Mitmach-Geschichten
für Kita-Kinder
Petra Bartoli y Eckert,
Ellen Tsalos-Fürter
3–6 J., 104 S., 16 x 23 cm, Paperback
ISBN 978-3-8346-0824-6

**■ Geschichten vom
Nein-Sagen**
5-Minuten-Mitmach-Geschichten
für Kita-Kinder
Petra Bartoli y Eckert, Ellen Tsalos
3–6 J., 103 S., 16 x 23 cm, Paperback
ISBN 978-3-8346-0605-1

■ Gespenster-Geschichten
5-Minuten-Mitmach-Geschichten
für Kita-Kinder
Petra Bartoli y Eckert, Ellen Tsalos
3–6 J., 103 S., 16 x 23 cm, Paperback
ISBN 978-3-8346-0606-8

Keiner darf zurückbleiben